歴史文化ライブラリー
343

古代の琉球弧と東アジア

山里純一

吉川弘文館

目次

琉球弧への視線――プロローグ

1　琉球弧への視線

琉球弧の名称と文化圏

九州島と台湾島の間の約一二〇〇キロの洋上に約二〇〇の島々が点在している。これらの島々は地理学上で「琉球列島」と総称される。約一二〇〇キロというのは、東京を起点にすれば北は北海道の宗谷岬《そうやみさき》まで、南は鹿児島県屋久島《やくしま》あたりまでの距離に相当する。琉球列島の島々は三日月のような弧状をなして連なることから「琉球弧」とも表現されるため、ここでは学際的に広く認知されているこの名称を使用することにしたい。

琉球弧は北から順に、大隅諸島《おおすみしょとう》・トカラ列島・奄美《あまみ》諸島・沖縄諸島・宮古《みやこ》諸島・八重山《やえやま》諸島に分かれるが、大隅諸島・トカラ列島・奄美諸島を薩南《さつなん》諸島、沖縄諸島・宮古諸島・

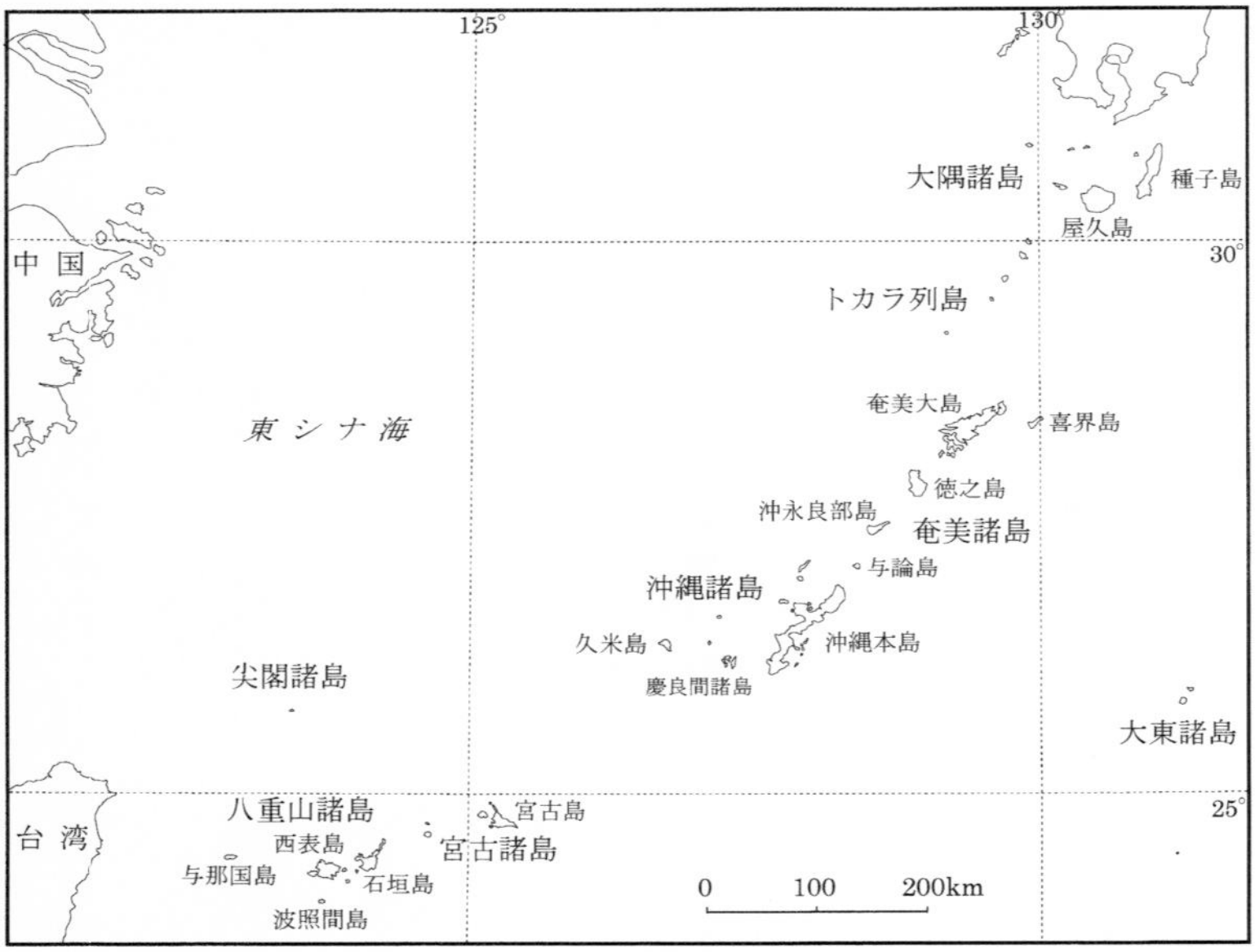

図１　琉球弧の島々

八重山諸島を琉球諸島と呼ぶ。そのうち宮古諸島・八重山諸島は特に先島《さきしま》諸島と呼んでいる。なお明治時代中期以降は、尖閣《せんかく》諸島や大東《だいとう》諸島まで含めて「南西諸島」という行政的な呼称も用いられる。

トカラ列島の悪石島《あくせきじま》と小宝《こだから》島《じま》の間、沖縄本島と宮古島の間は水深一〇〇〇メートルの凹地になっており、それぞれトカラ海峡、慶良間《けらま》海裂《かいれつ》と呼ばれている。この二大境界線によって琉球弧は「北琉球」「中琉球」「南琉球」に三区分される。

こうした地形学的な区分は考古学から見た文化圏とも重なる。すなわち種子島《たねがしま》・屋久島《やくしま》を中心とする大隅諸島は、古墳時代を象徴する古墳の存在は認められないが、基本的には南九州との文化の共通性が見られ、時代区分も南九州の概念をそのまま適用できる。しかし奄美諸島・沖縄本島は、九州からの縄文文化を受け入れながらも独自の展開を見せ、弥生文化も土器や鉄製品などが入っているが、稲作などを含む弥生文化が定着、展開した確証はなく、古墳時代の文物もまったく確認されない。要するに日本の時代区分でいえば、縄文・弥生・古墳時代がなく、これに続く飛鳥・奈良・平安時代までの長期間にわたって、狩猟・漁撈・採集に依存した文化が維持されていたと考えられている。そして琉球史の独自の時代区分によって「沖縄貝塚時代」の名称が与えられている。一方、宮古諸島と八重山諸島は、日本本土文化はもとより沖縄諸島の文化的繋がりもほとんど認められず、むしろ台湾やフィリッピンを含む南方からの影響を受けている。このように考古学的には三つの文化圏に分けられ、国分直一は、これらの文化圏をそれぞれ「北部圏」「中部圏」「南部圏」と称した（国分直一「南島の先史土器」『考古学研究』一三ノ二）。

琉球弧への視線

琉球弧において文字による記録が現れるのは、一六五〇年（尚質王三）に、琉球国の正史として編集された『中山世鑑《ちゅうざんせいかん》』が最初で、それ以前の古代の琉球弧の島々には文字による記録はもちろん存在しない。残された記録としては日本の『日本書紀』や『続日本紀《しょくにほんぎ》』などの正史や『延喜式《えんぎしき》』、また中国の『隋書《ずいしょ》』など、きわめて限られた史料しかなく、しかも断片的な記事が散見するのみである。こうした文献史料の欠を補うのが考古資料である。近年、奄美諸島では、倉木崎《くらきざき》海底遺跡、カムィヤキ古窯《こよう》跡群、ヤコウガイ大量出土遺跡、喜界島城久《きかいじまぐすく》遺跡群など、古代の琉球弧の歴史的展開を理解するうえで重要な考古学の発掘成果が相次いで報じられている。

古代の琉球弧はこれまで律令国家の版図外の異域と見られ、「日本の歴史」の埒外に置かれていた。しかし日本列島内の琉球弧が繰り広げた歴史的展開にも目を向けていく必要がある。本書では、考古学の成果と文献史学のこれまでの研究の蓄積を踏まえ、古代の琉球弧の歴史過程を東アジアとの関係も視野に入れながら叙述することにしたい。

七世紀の琉球弧と東アジア

ヤクと流求

ヤク人の漂着

『日本書紀』によれば、推古《すいこ》二四年（六一六）に掖玖《やく》（夜勾）人が来朝した。三月に三人、五月に七人、七月に二〇人と、二ヵ月おきにやってきたようで、大和《やまと》の政権は彼らを朴井《えのい》というところ（現在の奈良市あるいは大阪府岸和田市付近）に集めて保護した。しかし郷里に戻ることがないまま全員そこで死亡したという。『日本書紀』の編者はこの時の掖玖人が「帰化」または「来」と書いている。「帰化」というのは中華思想にもとづき、天皇（当時は大王）の徳化に帰服するという意味であるが、それはあくまで政権側の見方で、当時の掖玖人がそういう意識で来朝したとは思えない。『日本書紀』には「未だ還るに及ばず、皆死す」とあるように、朴井に集められたのは帰化に伴う定住を意味するものではないことは明らかである。推古二八年には掖玖人が伊豆島に漂着しているが、推古二四年に来朝した掖玖人も、このように日本の列島内のどこかに漂着し、大和まで護送されたと見ることもできる。しかし一年に三度も漂着しているということは、少なくとも九州島に向かい北上する掖玖人がいたことを示している。

舒明《じよめい》元年（六二九）には田部連《たべのむらじ》ら、複数の人間が掖玖へ派遣されている。彼らは四月に出発し、翌年の九月に帰国したが、舒明三年（六三一）二月には掖玖人が「帰化」したという。田部連らが帰国の際に掖玖人を連れて来たのではなく、約五ヵ月後に掖玖人が自ら来朝したことになっている。もちろんここでも掖玖人が「帰化」したというのは『日本書紀』編纂者の文飾であり、実際には交易を目的とした来朝であったのだろう。

ヤクの概念

それでは掖玖または夜勾と表記されるヤクとはどこか。まず思い浮かぶのは現在の屋久島であろう。のちに他の島名と並記されるようになるヤクは確かに屋久島を指すが、推古朝に単独で登場するヤクを屋久島に限定して考えると、屋久島より居住環境がよい種子島や、大きな奄美大島などは見えず、なぜ屋久島の人だけが集中して来朝したり漂着したりするのか、いささか腑に落ちない点が出てくる。したがって初期のヤクは屋久島を含む大隅半島以南の島々の総称と考えるべきであろう。

ところで『日本書紀』推古二四年（六一六）条は正史に登場するヤク人の初見であるが、大和の貴族はこれ以前からヤク人の情報を得ていた可能性がある。それは中国の正史『隋書《ずいしょ》』の流求国伝に見える次のような興味深い記事からうかがうことができる。

ヤクの情報

隋の煬帝《ようだい》は、東方海上の幾千里先かは知らないが人の住む陸地があるようだという話を信じ、大業三年（六〇七）に、朱寛《しゅかん》にその異俗の地を訪ねるよう命じた。朱寛は東方に往き流求国に到着する。しかし言葉が通じないため、現地の人一人を虜にして引き返した。翌年、流求国の人々を慰撫するため再び朱寛を遣わしたが、流求人はこれに従わなかったため、流求の「布甲《ふこう》」を奪い取って帰還した。折しも倭《わ》国の使者が来朝し、流求から持ち帰った「布甲」を見て、「此れ夷邪久《いやく》国人の用うる所なり」といったという。

大業四年に隋に居た倭国使といえば、遣隋使《けんずいし》小野妹子《おののいもこ》一行ということになろう。『日本書紀』には推古一五年七月に小野妹子を派遣したと見えるが、『隋書』倭国伝には、大業三年（六〇七）に倭国の王が使いを遣わして朝貢したことを記す。この時の国書に「日出《ひいづ》る処の天子、書を日没《ひぼつ》する処の天子に致す、恙《つつが》なきや、云云」とあり、倭国の王が天子を自称したことに対して隋の煬帝が「無礼なる者」と激怒したという有名な記事である。

『日本書紀』によれば、遣隋使小野妹子は推古一六年（六〇八）四月に裴世清《はいせいせい》という隋の客を伴って帰国している。したがって朱寛が流求から「布甲」を持ち帰ったのが大業四年（六〇八）正月から四月までの間であれば、小野妹子がそれを見た可能性は十分ある。

『三国名勝図会《さんごくめいしょうずえ》』によれば、「夷邪久国」は『続弘簡録』には「彝邪久国《いやくこく》」とあり、イヤクのイヤ（夷邪・彝邪）を縮めるとヤになる。また『集韻《しゅういん》』（一〇三九年）には「掖」の字は「夷益切」とある。切は反切のこと。一字の発音を二字を使って表示する方法で、「夷益の切」は「益」となる。「益」の呉音《ごおん》（日本漢字音）はイヤク（漢字で表記すると夷邪久）。したがって掖玖と夷邪久は同一と見ることができる。

以上のことから、大和の貴族層は正史に初見する以前からヤクについての情報を持っていたことになる。

流求国の位置　すでに引用した『隋書』は、中国の古代から明《みん》代までのそれぞれの時代のことを記録した二四史の一つで、帝紀五巻、志三〇巻、列伝五〇巻から成る。その列伝の第四六東夷（流求国）と第二九（陳稜）に流求国に関する記事が見える。

しかし流求国の位置をめぐっては、これまで①沖縄説、②台湾説、③台湾・沖縄を含む

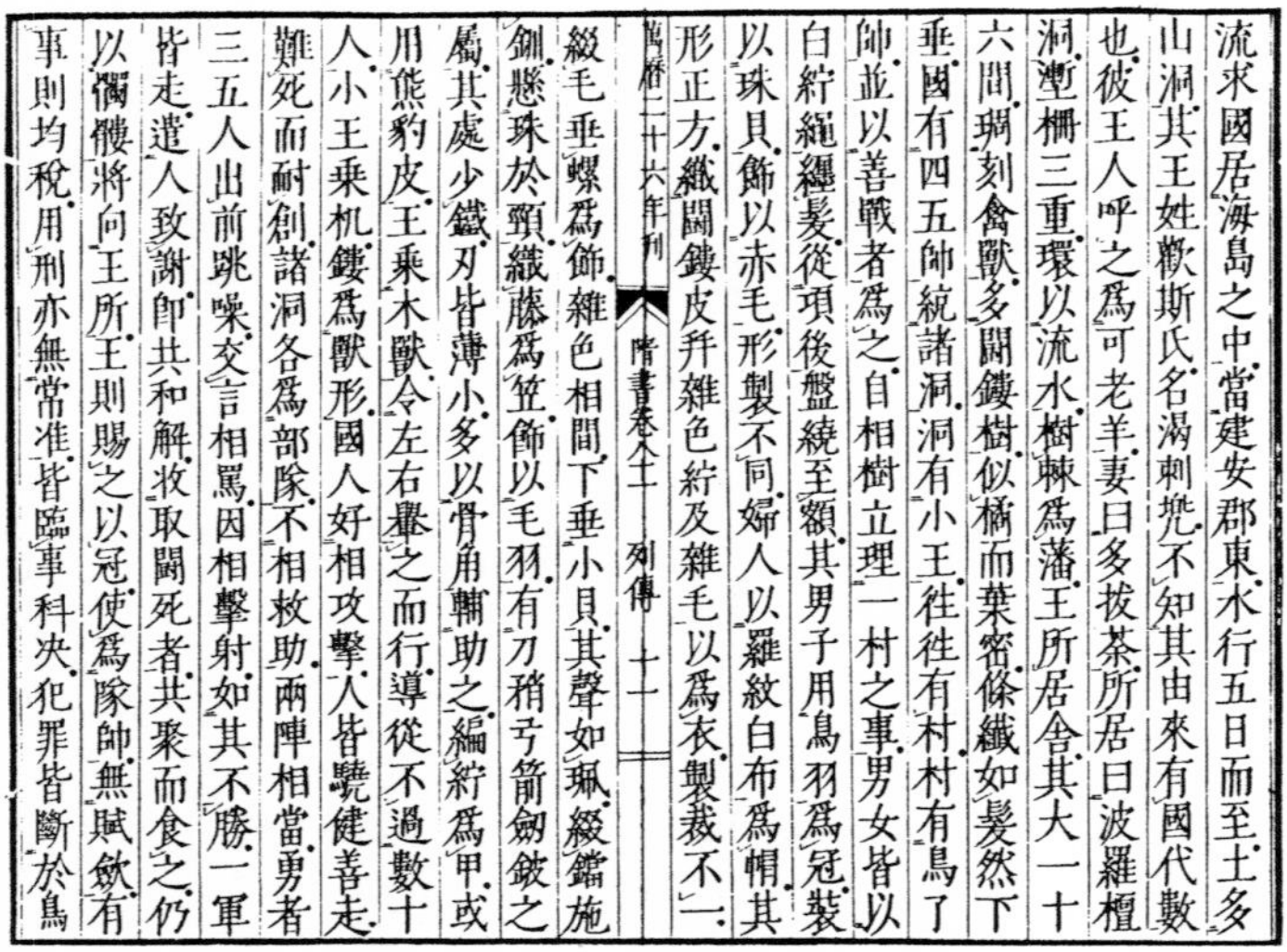
流求國居海島之中當建安郡東水行五日而至土多
山洞其王姓歡斯氏名渴刺兜不知其由來有國代數
也彼王人呼之爲可老羊妻曰多拔茶所居曰波羅檀
洞塹柵三重環以流水樹棘爲藩王所居舍其大一十
六間琱刻禽獸多鬪鏤樹似橘而葉密條纖如髪然下
垂國有四五帥統諸洞洞有小王往往有村村有鳥了
帥並以善戰者爲之自相樹立理一村之事男女皆以
白紵繩纏髪從項後盤繞至額其男子用鳥羽爲冠裝
以珠貝飾以赤毛形製不同婦人以羅紋白布爲帽其
形正方織鬪鏤皮幷雜色紵及雜毛以爲衣製裁不一
萬曆二十六年刊　隋書卷八十一　列傳　十一
綴毛垂螺爲飾雜色相間下垂小貝其聲如珮綴鐺施
釧懸珠於頸織藤爲笠飾以毛羽有刀矟弓箭劒鈹之
屬其處少鐵刃皆薄小多以骨角輔助之編紵爲甲或
用熊豹皮王乘木獸令左右轝之而行導從不過數十
人小王乘机鏤爲獸形國人好相攻擊人皆驍健善走
難死而耐創諸洞各爲部隊不相救助兩陣相當勇者
三五人出前跳噪交言相罵因相擊射如其不勝一軍
皆走遣人致謝卽共和解收取鬪死者共聚而食之仍
以髑髏將向王所王則賜之以冠使爲隊帥無賦斂有
事則均稅用刑亦無常准皆臨事科决犯罪皆斷於鳥

図２　和刻本正史『隋書』流求国伝の冒頭

島彙の総称説、④台湾南部説などが提起されていて、議論は尽きることがなく今も続いている。

流求国の位置を比定する上で手がかりとなるのが、流求国伝と陳稜伝の次の記事である。

[流求国伝]

㋐流求国は海東の中にある。建安郡の東に当たり、水行すること五日にして到着する。

㋑煬帝は、武賁郎の陳稜と朝請大夫の張鎮州を遣わして、兵を率いて義安から海に浮かんで流求国を攻撃させた。高華嶼《こうかしょ》に至り、そこからまた東に二日行くと鼅鼊嶼《こうへきしょ》に至り、さらに一日行くと流求国に至る。

[陳稜伝]

㋒大業三年（六〇七）武賁郎を拝し、三年後、朝請大夫張鎮周（州）とともに、東陽の兵一万余人を出発せしめ、義安より海に汎《うか》んで流求国を攻撃した。月余にして至る。

以上の記事の中で、まず㋐によれば、流求国は建安郡（今の福建《ふっけん》北部にあたる）の東に位置すること、また建安郡から海を航行し五日で着くところである。建安郡の東にあるのは沖縄島で、台湾は東南の方向であるが、航海日数の五日というのは台湾に有利とされてきた。その有力な根拠とされたのは、明《みん》・清《しん》期の冊封使《さくほうし》の記録である。冊封使とは中国の皇帝が琉球国の王を承認する儀式を執り行うために派遣された使であるが、尚敬王の時、すなわち康熙五八年（一七一九）に冊封副使として渡来した徐葆光《じょほうこう》の著『中山伝信録《ちゅうざんでんしんろく》』巻一の「歴次封舟渡海日期」には明・清代の冊封使船の航海日数がまとめて記されている。
それは次の通りである。

①嘉靖一三年（一五三四）『陳侃《ちんかん》使録』
往路一八日（五月八日出海、二五日那覇《なは》港到着）
帰路七日（九月二〇日那覇発、二八日定海所到着）

②嘉靖《かせい》四一年（一五六二）『郭汝霖《かくじょりん》使録』
往路一一日（嘉靖四〇年五月二二日出海、閏五月九日那覇港到着）
帰路一一日（嘉靖四〇年一〇月一八日那覇出航、一〇月二九日五虎門到着）
③万暦《ばんれき》八年（一五八〇）『蕭崇業《しょうすうぎょう》使録』
往路一四日（万暦七年五月二二日出海、六月五日那覇到着）
帰路九日（万暦七年一〇月二四日出海、一一月二日定海所到着）
④万暦三四年（一六〇六）『夏子陽《かしよう》使録』
往路八日（五月二四日出海、六月一日那覇到着）
帰路一一日（一〇月二一日出海、一一月一日五虎門到着）
⑤崇禎《すうてい》六年（一六三三）『従客胡靖《こせい》録』
往路九（六?）日（六月四日出海、六月八日姑米山〈久米島〉通過）九日那覇港到着カ
帰路一一日（一一月九日出海、一一月一九日五虎門到着）
⑥康熙《こうき》二年（一六六三）『張学礼《ちょうがくれい》使録』
往路一九日（六月七日出海、六月二五日那覇到着）
帰路一一日（一一月一四日出海、一一月二四日五虎門到着）

⑦康熙二二年（一六八三）『汪楫《おうしゅう》使録』
往路三日　（六月二三日出海、二六日那覇到着）
帰路一一日（一一月二四日出海、一二月四日定海所到着）
これによれば、中国から出海して琉球（那覇港）に到着するまでに要した日数は、最長が⑥の一九日、最短が⑦の三日である。
台湾説は、この平均を取って中国―琉球間の所要日数は約一一日余であるとして、流求国伝の五日というのは台湾までの渡航日数と解する。これに対して沖縄説は、少なくとも三日で到着している例があることから、流求国伝の五日は沖縄までの渡航日数と解する。
いずれにしても冊封使の例は一六世紀前半～一七世紀後半の福州《ふくしゅう》―那覇間の所要日数であるが、意外と見落とされているのは、唐僧鑑真《がんじん》を伴った遣唐使《けんとうし》が帰国の際、阿児奈波《あこなわ》島（沖縄島）に到着した例である。天平勝宝《てんぴょうしょうほう》五年（七五三）一一月一六日に揚子江《ようすこう》河口の黄泗浦《こうしほ》を出航した遣唐使四船のうち、第四船は火災を起こして船団を離れたが、鑑真が乗船した第二船は第一船とともに同月二一日に阿児奈波島に到着した。第三船は昨夜すでに同じ場所に停泊したとあるので、この時の遣唐使船の中国から沖縄島までの渡航日数は四日または五日である。出航地が黄泗浦と福州の違いはあるが、沖縄島までの航程に大差はないので、参考にはなろう。しかし『隋書』の撰者が後世の記録を知るはずもない。『隋書』の日数は、おそらく福州から出海し二度の流求往還を果たした朱寛の報告も参考にしたのかもしれない。

㋑では、義安《ぎあん》から二つの島を経由する。まず高華嶼《こうかしょ》に至り、そこから東方へ二日して鼅《こう》鼊嶼《へきしょ》に至り、さらに一日して流求国に到着している。義安は現在の広東《かんとん》省潮州であるが、鼅鼊嶼については、流求国から一日の距離にあることを念頭において、島の形が亀に似ているとして台湾説は彭湖島《ほうことう》に、また形もその音も似ているとして沖縄説は久米島《くめじま》に比定される。義安から高華嶼までの方角と日数の記載はないが、台湾説は潮州付近または彭湖島西南の島嶼、沖縄説は宮古《みやこ》・八重山《やえやま》諸島に求めている。

ところが㋑に対応する陳稜伝の㋒では「月余（一ヵ月余り）にして至る」とある。これを義安―沖縄間の渡航日数とすれば、出航地が異なるとはいえ、㋑の日数とあまりにかけ離れている。台湾説にとってはこの日数は大きな障害となる。そこで一ヵ月余りという日数は、義安を出海して流求国に着き、転戦して王城（波羅檀洞《はらだんどう》）に入った時まで、すなわち征討行動全体の総日数と解するのである。しかし一ヵ月余りというのは沖縄説にとっても不都合な日数であることには変わりはない。そこで、流求国伝に流求語を解する崑崙人《こんろんじん》をはじめ「南方諸人」が従軍していることが見えることに注目し、こうした人々を隋軍に加えるためまず義安へ行き、そこから海岸線沿いに兵士を徴発・編成しながら福州沖まで北上するのに費やされた日数が含まれているとする見解（田中聡「古代の南方世界―『南島』以前の琉球観―」『歴史評論』五八六）や、陳稜らが兵万余人を率いて行軍を開始した東陽（浙江省《せっこうしょう》金華市）からの日数とする見解も出されている（田中史生「古代の奄美・沖縄諸島と国際社会」池田榮史編『古代中世の境界領域』高志書院、二〇〇八年）。㋒では「月余にして至る」の文言が、㋐や㋑のような渡航日数を表すとすれば、「義安より海に汎《うか》んで月余にして流求国に至り、之を撃つ」というような文章になるべきで、「流求国を撃つ」とした後で、「月余にして至る」とあるのは、文章としてどうも落ち着かない印象がある。したがって東陽を発し流求国に至るまでの総日数と見た方がよさそうである。

流求国の土俗

流求国伝には、流求国への地理的記述に比べて、人々の生活や自然環境等に関する情報が豊富に見られる。そのいくつかを紹介しよう。

〔人の特徴〕

○人は深目・長鼻で、頗《すこぶ》る胡《こ》（西方の民俗）に類似している。少し才知がある。

〔装飾〕

○男女は皆、白い紵《いちび》の縄で髪をくくり、項《うなじ》の後ろからぐるりと額にまく。男子は鳥の羽で作った冠をかぶり、珠貝で装い、赤い毛を用いて飾りとするが、その形はさまざまである。婦人は羅紋の白布で作った正方形の帽子をかぶる。闘鏤樹《とうるじゅ》の皮や雑色《ぞうしき》の紵、さまざまな毛で織った衣服をつくるが、その仕立て方は一様でない。
○毛を綴じて螺貝《まきがい》を垂らして飾りとするが、さまざまな色が混じっていて、その下に小さい貝を垂らす。その音は珮《はい》（中国で腰に下げる玉）のようである。
○鐺《こじり》をつないで釧《うでわ》とし、珠を首に懸けている。籐《とう》を織って笠として、毛や羽で飾る。

〔習俗〕
○男子は髭《くちひげ》や鬢《びん》をはじめ身体にある毛はすべて抜き去り、婦人は手に虫蛇の模様の入れ墨をする。
○嫁いだり、また娶《めと》る時には、酒肴・珠貝の贈り物をする。
○婦人はお産をし、授乳の時は、必ず子衣《えな》を食べる。
○産後は、火で体をあぶり、汗を出させる。そうすれば五日で平復する。
○戦争で和解すれば、戦闘で死亡した人を皆で聚《あつま》って食べる。それから髑髏《どくろ》を王の所へ持っていく。

○王が居住する所の壁の下には髑髏が集められ、その数が多いほどよいとされた。民間の門戸の上には必ず獣の頭骨を安置する。
○人がまさに息を引き取ろうとする時、かかえて庭に運び、親戚や親しい客は声をあげて泣き、互いに弔いをする。その屍《しかばね》を浴させ、布帛《ふはく》で纏い、葦草に包んで土中に埋めて殯《もがり》をする。その上に土は盛らない。子は父のために喪に服し数ヵ月は肉を食べない。
○「南境」の風俗は少し違っていて、人が死んだら村里の人がともにそれを食べる。
○闘戦して人を殺すと、殺した人を神として祭る。あるいは茂った樹に小屋を立てたり、あるいは髑髏を樹上から吊り下げて、それを箭《や》で射る。
○歌は、一人が唄えば皆が唱和し、音は哀怨をおびている。女子は腕をあげ手を揺らして舞う。

〔武器〕

刀・矟《ほこ》・弓・箭・鈚《ひ》などがあるが、鉄が少ないため、それらの刃はすべて薄くて小さく、骨や角で補強している。甲は紵を編んで作り、熊や豹の皮を用いる。

〔動植物〕

○熊・羆《ひぐま》・犲《やまいぬ》・狼がいる。中でも猪・鶏が多く、牛・羊・驢馬《ろば》はいない。

○樹木では闘鏤樹が多く、他に楓・栝《びやくしん》・樟《くすのき》・松・楩《べん》・楠・杉・梓《あずさ》・竹・籐がある。

〔地味・農具・産物〕

田は肥沃で、まず火で焼き、それから水を引いて灌漑する。一本の挿《すき》の石で刃を作り、長さ一尺余、幅が数寸のものを持って、耕作する。土は稲・粱《あわ》・床黍《きび》・麻・豆・赤豆《あずき》・胡豆《えんどう》・黒豆等の栽培に適している。

これらの記述を近現代の民俗や考古学の出土遺物と比較した場合、沖縄的なもの、台湾的なもの、あるいは双方に通ずる習俗が見られることは否定できない。それは『隋書』の撰者の元に集められた流求国の情報のほとんどが伝聞に拠るため、ある意味仕方のないところであろう。中には撰者の推測が加えられたところがなかったと言えなくもない。

そうした中にあって、上述した流求の布甲に関する記述は、中国国内で実際に見聞した情報であり、信憑性が高いといわなければならないであろう。台湾と琉球との習俗の類似性から、台湾にもヤク（琉球弧）の布甲に似たものがあった可能性を想定する考えもあるが、布甲の様態の類似まで証明されたわけではない。

「布甲」の実態

朱寛が流求国から持ち帰った布甲とはどういうものであっただろうか。

その実態については従来ほとんど問題にされておらず、わずかに甲野勇と東恩納寛惇《ひがしおんなかんじゅん》が言及しているくらいである。

甲野は、『隋書』流求国伝に「紵を編み甲と為す、或いは熊・豹皮を用う」とあり、毛皮製品に代用されていることに注目し、こうした毛皮製品というものは蕃族《ばんぞく》（パイワン族等）の正装時に使用する豹皮製の陣羽織《じんばおり》風の衣服と系統を同じくする着衣を想起せしめるとして、流求の布甲もこれと同様な形式の繊維製の陣羽織風の衣服であろうと推定している（甲野勇「隋書『流求国伝』の古民族学的考究（予報）」『民族学研究』三ノ四）。

これに対して東恩納は、特に根拠は挙げないが、アイヌの用いる「あつし」の類のものであろうとしている（東恩納寛惇『琉球の歴史』『東恩納寛惇全集』1、第一書房、一九七八年）。

布甲は文字通り解すれば、布製の甲《よろい》である。『隋書』流求国伝には「紵を編み甲と為す」とあるので、厳密には紵を用いて仕上げた甲ということになろう。この点、『隋書』倭国伝に「皮を漆《ぬ》りて甲と為し」とある倭国の甲とは明確に区別される。こうした流求の布甲の材質面を重視するならば、これに類似するものとしては、綿襖《わたおう》・綿甲《わたこう》というものが想起される。

綿襖・綿甲は、武装土偶《どぐう》・武装俑《よう》や『蒙古襲来絵詞《もうこしゅうらいえことば》』に描かれた元軍兵士が身につけ

図3　『蒙古襲来絵詞』に見える元軍兵士
（宮内庁三の丸尚蔵館所蔵）

ている外套のようなものと考えられているが、それに甲板をつけたか、つけたとすれば、それを表にしたのか裏にしたのかで見解が分かれる。武装土偶や武装俑の身につけているものには甲板が見えるが、現存する朝鮮の綿甲の場合、甲板は布地の裏にし、表から鋲で留めている。これに対して『続日本紀《しょくにほんぎ》』天平宝字《てんぴょうほうじ》六年（七六二）正月二八日条によれば、綿《わた》の襖《おう》・冑《かぶと》に五行の色をかたどり甲板の形を描いたとあり、甲板をつけず、その形のみ描いた綿襖冑もあった。

このように、甲板については不明であるが、綿を主体とし、それを布で包む形で外套の形状に仕上てたものが綿襖・綿甲であったと思われる。流求の布甲もそのような外套状のものであったのかもしれない。

流求国の社会

流求国伝には、当時の流求国の社会の様子を伝える次のような記事がある。

①其の王、姓は歓斯《かんし》氏、名は渇剌兜《からとう》。其の由来、国を有《たも》つの代数を知らざる也。彼の王、人之《これ》を呼ぶに可老羊《からやん》と為し、妻を多抜茶と曰《い》う。居《お》る所を波羅檀洞と曰い、塹柵《ざんさく》三重にして、環《めぐ》らすに流水を以てし、棘《きょく》を樹《う》えて藩《まがき》と為す。王の居る所の舎は、其の大きさ一十六間、禽獣を琱刻《ちょうこく》す。

②国に四・五帥《すい》有りて、諸洞を統《す》ぶ。洞に小王有り。往往《おうおう》に村有り。村に鳥了帥《ちょうりょうすい》有り。並《み》な戦いを善《よ》くする者を以て之を為す。自ら相い樹立し、一村の事を理《おさ》む。

①によれば流求国には王がいた。王は姓を歓斯氏（陳稜伝では歓斯）、名を渇剌兜といい、人々からは「可老羊」と呼ばれていたこと、王は波羅檀洞というところに居たが、そこは柵と水を溜めた堀が三重にめぐらされ、かつ刺《とげ》のある樹木が植えられていたこと、王の住居は大きさが一六間もあり、建物には禽獣が彫刻されていたことなどが知られる。

また②によれば、流求国には諸洞があり、それぞれ小王がいたが、これらは四、五人の帥によって統率されていたこと、また所々に村があり、戦に長けた者が鳥了帥として村を治めていたことなどが知られる。

王と小王と鳥了帥の階層差を示す記事として、流求国伝は、王は左右を側近がかつぐ木獣に乗り、前後に数十人が随行したのに対して、小王は特に随行者はなく、獣の形を彫刻した机《き》に乗ると記している。また犯罪が生じた時は鳥了帥が裁断を下すが、不服があれば王に上訴し、王は臣下と協議して刑を定めるとある。また宴会の時の飲酒についての記事には、王に酒をすすめる者は、王の名を呼び、杯をふくんで一緒に飲むとある。

王や小王が所在した洞は洞穴の意味ではなく、一種の行政単位的な地理的空間を指しているようである。波羅檀洞というのは洞の名称の一つで、陳稜伝には低没檀洞の名称が見える。ついでに言うと、低没檀洞の小王は歓斯老模で、国王と同じ姓を有していることから国王の一族と見られる。同様に他の諸洞にもそれぞれ名称が付けられていたであろう。諸洞はそれぞれ部隊を編成していて、互いに攻撃することがあった。隊長は小王から任命されるが、部隊間の戦闘で和解した際に敵側と共に食べた戦死者の髑髏を小王に届けた者が、冠を賜り隊長となる。髑髏は神主《しんしゅ》とされたことから、王の居所の壁の下には髑髏が集められ、それが多いほどよいとされたとある。

諸洞を統率した四、五人の帥は、たとえば「魏志倭人伝」に見える「一大率《いちだいそつ》」のような存在であったと推測されるが、恐らく王の腹心が任ぜられたであろう。

以上のことから七世紀段階の流求国は、王（流求国全体）―小王（洞）―鳥了帥（村）の身分階層が歴然と存在した社会であったことが知られる。

ただし「賦斂《ふれん》無く、則《すなわ》ち事に有りて均しく税す」とあるように、必要に応じて課税するが、恒常的な税制はなかったことから、王と称する支配者がいても専制国家的な社会には至っていないことがわかる。

異国との交易

陳稜伝は、大業六年（六一〇）に陳稜が率いる隋の討伐軍が流求に着いた時の様子を、「流求人、初めて船艦を見て以て商旅と為《な》す。往往《おうおう》にして軍中に詣《いた》りて貿易す」と記している。すなわち、流求人は初めて見る船艦を「商旅」のための貿易船だと思いこみ、ちょくちょく軍中にやってきて交易をしたというのである。陳稜が率いる討伐軍は一万余人というから、相当数の軍船が流求国沖に浮かんでいたことが想像されよう。注目すべきは、流求人がこれらを軍船とは知らず「商旅」として対応していることである。陳稜伝が記す「初めて船艦を見」たという「初めて」というのは、丸《まる》木舟《きぶね》などの小型船と違った大型船を見たのが初めてだという意味にも取れるが、それにしても流求人の行動は、一度や二度外国人と接触しただけで取り得るものではない。これ以前から外国船の往来があり、流求人が彼らと船上で交易を行っていたからこそ、船艦を恐れるどころか交易チャンスととらえて軍中にも出かけて行ったのではなかろうか。陳稜伝のこの記事は、当時の流求国の交易社会を反映している（中村明蔵「古代の沖縄と『隋書』流求伝」『鹿児島国際大学地域総合研究』三〇ノ二）。

琉球弧の島々

海見島

『日本書紀』斉明《さいめい》三年（六五七）七月条には、覩貨邏《とから》国の男二人、女四人が筑紫《つくし》に漂泊する前に「海見《あまみ》島」に漂泊したことが見える。

筑紫は九州全域または筑前・筑後地方を指すが、「海見島」が当時ヤクと総称されていた琉球弧すなわち九州以南の島々の一つであることは疑う余地はない。また「海見島」はアマミノシマと読めるから奄美《あまみ》大島《おおしま》に比定するのが妥当であろう。しかしながら後の史料では「菴美」「奄美」または「掩美」「阿麻弥」、「雨見」などの表記が見えるが、「海見」と書かれるのはこの時に限られる。いずれにしても七世紀半ばには「あまみ」の島名は知られていたことになる。

トカラ

『日本書紀』にはトカラと読める国の人の来朝とそれに関連する記事が見える。それらの記事は次のように七世紀後半に集中している。

Ⓐ白雉《はくち》五年（六五四）四月条

吐火羅《とから》国の男二人・女二人、舎衛《しやえ》女一人、風に被《あ》いて日向《ひゆうが》に流れ来たる。

Ⓑ斉明三年（六五七）七月三日条

覩貨邏国の男二人、女四人、筑紫に漂泊す。言うに、「臣等、初め海見島に漂泊す」と。乃《すなわ》ち駅を以て召《め》す。

Ⓒ斉明三年（六五七）七月一五日条

須弥山《しゆみせん》像を飛鳥寺の西に作る。且《また》、盂蘭盆会《うらぼんえ》を設く。暮れに覩貨邏《とから》人を饗す。（或本《あるほん》に云わく、堕羅《たら》人という）

Ⓓ斉明五年（六五九）三月一〇日条

吐火羅人、妻舎衛《しやえ》婦人と共に来たる。

Ⓔ斉明六年（六六〇）七月一六日条

又都貺羅《とから》人乾豆波斯達阿《げんずはしだちあ》、本土《もとのくに》に帰らんと欲して、送使を求め請《こ》いて曰《いわ》く、「願わくは後に大国《やまと》に朝《つかえまつ》らん。所以《ゆえ》に妻を留めて表《しるし》とせん」と。乃ち数十人と西海の路に入る。

Ⓕ天武《てんむ》四年（六七五）正月一日条
大学寮の諸学生、陰陽《おんよう》寮、外薬《とのくすり》寮、及び舎衛の女・堕羅の女、百済王《くだらのこにきし》善光、新羅《しらぎの》仕丁《しちよう》等、薬及び珍異等物を捧げ進《たてまつ》る。

トカラといえば、すぐに頭に浮かぶのが現在の鹿児島県十島村《としまむら》すなわちトカラ列島であろう。もしそうだとすると「海見島」と同じく琉球弧の固有名詞が現れる記事として注目される。しかし史料的には、そうした理解は困難である。

なぜならトカラ列島は筑紫（九州）の南、屋久島と奄美諸島の間に位置しており、Ⓑによれば、覩貨邏国人は筑紫に向かうのに、いったん南の奄美大島に下って、それから北上したことになるからである。トカラ列島の悪石島《あくせきじま》と小宝島《こだからじま》の間の吐噶喇《とから》海峡は黒潮の流れが激しく航海上の難所といわれ、そうしたところをわざわざ往復するというのはいかにも不自然であり、ありえない。

またⒶとⒹによれば、日向に流れ着いた吐火羅国人の男一人と舎衛人の女は夫婦であった。舎衛は祇園精舎《ぎおんしようじや》で有名な舎衛城《しやえじよう》のことで、インドのガンジス河の中流域サヘートマヘートにその遺跡を留めているが、トカラ列島の男がこんな遠いところの女を妻にしていたとは考えにくい。さらにⒺでも同じことが言える。すなわち都貝兆羅人の乾豆波斯達阿が本土（母国）へ一時帰国するにあたり、舎衛人の妻を留め置くので送使を立てて欲しいと要請していること、また数十人と共に西海の路に入ったという「西海」の言葉からして都貝兆羅人をトカラ列島の人と見ることは無理である。なお、ここには乾豆波斯達阿という都貝兆羅人の名前が見えるが、井上光貞によれば、乾豆《げんず》はインドのことだが、どちらかというとペルシャ化したインドの表現で、波斯《はし》はペルシャのこと、達阿《だちあ》は人名の語尾につけられるものであるから、全体としてペルシャ的な人名だという（井上光貞「吐火羅・舎営考」『井上光貞著作集』第一一巻、岩波書店、一九八六年）。この史料以外でも、たとえば天平一〇年（七三八）頃に成立したといわれる大宝令《たいほうりょう》の注釈書「古記《こき》」が、「在京夷狄《いてき》」の例として「堕羅・舎衛・蝦夷」等を挙げているように（職員令集解玄蕃寮条）、堕羅・舎衛人は蝦夷と並ぶ夷狄すなわち異民族として把握されていた。

『日本書紀』に出てくるトカラがトカラ列島の人々ではないとすれば、その故地《こち》はどこかが問題となる。井上光貞は、①『日本書紀』に表記された吐火羅・覩貨邏・都貝兆羅との音の一致、②中国の『旧唐書《くとうじょ》』に「堕和羅国」が使を遣わして方物を貢《こう》しているので、海上で風に煽《あお》られ日本に漂着する可能性があったこと、③舎衛国との関係が密接で、吐火羅国の男が舎衛国の女を妻とする可能性が存在したこと、等の理由から、日本に漂着したトカラの男女を、今のタイ国、メコン河下流のモン族の王国、ドヴァーラヴァティの人々と解した（井上光貞「吐羅・舎営考」『井上光貞著作集』第一一巻、岩波書店、一九八六年）。現在、これが通説となっている。

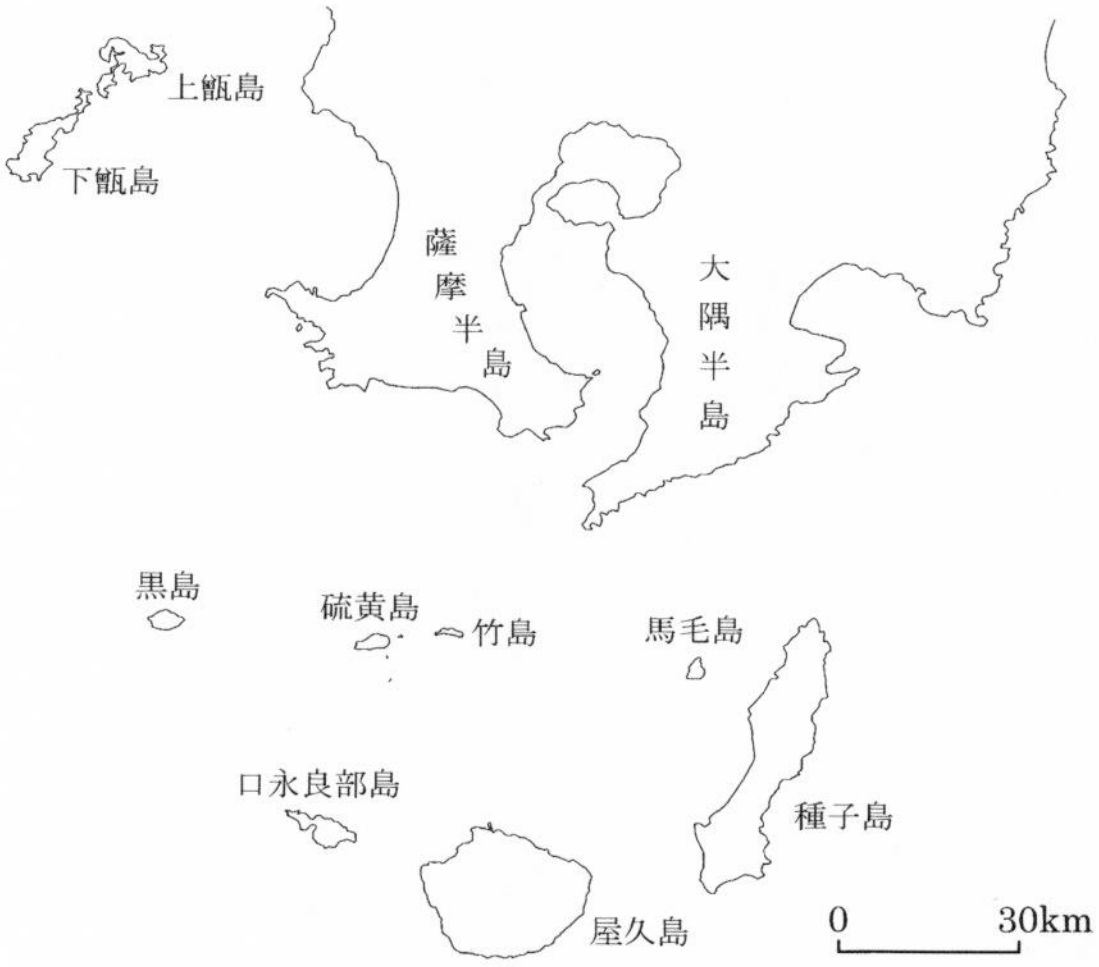

図４　竹島・神島周辺海域

竹島・神島

『日本書紀』によれば、孝徳天皇の白雉四年（六五三）に派遣された遣唐使は、大使吉士《きしの》長丹《ながに》、副使吉士駒《こま》ら一二一人が乗った船と、大使高田根麻呂、副使掃守《かにもりの》小麻呂《おまろ》ら一二〇人が乗った船の二船で出発した。そのうち、吉士長丹らの船は順調に渡唐し、無事帰国したが、高田根麻呂らの船は「薩麻之曲《さつまのくま》・竹島《たかしま》之間」で沈没した。生存者はわずか五人で、五人は胸に一枚の板を繋ぎ竹島に流れ着いた。どうしてよいかわからずにいたところ、その中の一人門部金《かどべのかね》なる者が、竹を採ってきて筏《いかだ》を作り、五人はまったく飲まず喰わずの状態で六日六夜を経て神島《しとき》というところに着いた。そこで政府は門部金を褒《ほ》め、位階を進め、禄《ろく》を賜ったという。

「薩麻之曲・竹島之間」とある薩摩の曲とは薩摩半島の沖の意味であろう。竹島は現在の鹿児島県三島村《みしまむら》（竹島《たけしま》・硫黄島《いおうしま》・黒島《くろしま》の三島からなる）の竹島《たけしま》であることは間違いない。

当時の遣唐使は、北路、すなわち壱岐《いき》・対馬《つしま》を経て朝鮮半島の西海岸を北上し、甕津半島《おうしん》あたりから黄海《こうかい》を横断して山東《さんとう》半島の登州、萊州《らいしゅう》に着き、そこから陸路、洛陽《らくよう》、長安《ちょうあん》を目指すルートが主であった。おそらく大使吉士長丹の船は通常の北路を採ったと思われるが、入唐を果たし、翌白雉五年七月に無事帰国している。しかし大使高田根麻呂らの船は、北路とは逆方向にあたる九州南端の薩摩半島沖と竹島の間で遭難沈没しているということは、大使吉士長丹らの船とは別行動を取った可能性が高い。この時の遣唐使は前後に例を見ない二組の大使・副使が任命され、二艘の船に大使・副使を置く異例の派遣となっているのは、当初から別ルートによる入唐が計画されていたことを推測せしめる。大使高田根麻呂らの船の遭難位置からして、「南島路」すなわち九州西海岸沿いに南下し、薩摩、種子島《たねがしま》、屋久島、トカラ列島を通過し、奄美諸島あるいは沖縄諸島から東シナ海を横断し、長江河口域《ちょうこう》、あるいは杭州《こうしゅう》湾沿岸を目指すルートで渡唐するつもりだったのだろう。しかし途中遭難し、五人の生存者は命からがら神島に着いた。神島は甑島列島の上甑島《かみこしきじま》と見るのが最も有力である。甑島は、宝亀《ほうき》八年（七七七）出発した遣唐使が翌七七八年の帰国の際に、持節副使・小野朝臣石根や唐使が乗った第一船が遭難し、流れ着いたところである。耽羅《たんら》島（大韓民国済州《チェジュ》島）に漂着した第四船も、そこを脱出して日本に向かう途中、同じく甑島に到着している。白雉四年に薩摩半島沖と竹島の間で遭難し、竹の筏に乗って神島（上甑島）にたどり着いた五人は、介助されながらそこから帰京したと思われる。門部金に位階と禄を賜ったのは、機転を効かして竹の筏を作り五人の命を救ったという理由からであろうが、遭難、漂着の時の行動によって位階や禄を支給された例は珍しい。

爾加委

斉明天皇五年（六五九）に、坂合連《さかいべのむらじ》石布《いわしき》を大使、津守連《つもりのむらじ》吉祥《きさ》を副使として発遣された遣唐使で、それには伊吉連《いきのむらじ》博徳《はかとこ》が随行していた。『日本書紀』に引用された彼の日記「伊吉連博徳書」によれば、難波《なにわ》の三津浦《みつのうら》を出発した二船の遣唐使船は、筑紫の大津浦から出航し、百済《くだら》の南畔の島に到着している。本来ならばそのまま百済の西海岸を北上するが、当時、百済と新羅《しらぎ》は交戦中であったため、百済南畔の島から直接、大海（東シナ海）を横断することになったようである。津守連吉祥らの船は二日後の夜半に越州《えっしゅう》会稽県《かいけいけん》須岸山《しゅがんさん》（杭州付近カ）に到着したが、坂合連石布らの船は、横からの逆風を受けて南海の「爾加委《にかい》」に漂着した。乗船者の多くは島人に殺されたが、東漢《やまとあやの》長直《ながのあたい》阿利麻《ありま》、坂合連《さかいべのむらじ》稲積《いなつみ》ら五人は島人の船を盗み、それに乗って逃げ、括州《かっしゅう》（浙江省麗水）に着いたとある。

「南海の賊地」と海路の存在

日本の史料を見る限りでは、東シナ海を横断する遣唐使船が風に煽られ漂流した南方の海を「南海」と称した。後の例であるが、『日本文徳天《にほんもんとくてん》皇実録《のうじつろく》』仁寿《にんじゅ》三年六月二日条の菅原朝臣梶成《すがわらのあそんかじなり》の卒伝によれば、遣唐知乗船事として渡唐した梶成は、承和《じょうわ》六年（八三九）七月に帰国する際、中国の山東半島の赤山浦を出航した後、海上で逆風を受け南海の一つの島に漂着したという。何という島かは知らないが、島には賊類がいて交戦し数人が傷害を受けた。梶成は准判官《じゅんはんがん》の良岑長松《よしみねのながまつ》と船材を集めて一船を造り、共にその船に乗って脱出したとある。これに対して『続日《しょくに》本後紀《ほんこうき》』は、漂着した「南海」を「南海賊地《なんかいのぞくち》」および「南賊境《なんぞくのさかい》」と記している。また梶成と長松は別々の小舟で賊地を出て、梶成が乗った船は四月に大隅国海畔に廻着したが、長松が乗った小船は遅れて六月に大隅国に廻着したと見える。一方、円仁《えんにん》の『入唐求法巡《にっとうぐほうじゅん》礼行記《れいこうき》』会昌《かいしょう》二年（八四二）五月二五日条に引用された円載《えんさい》の書状では「第二船は裸人《らじん》国に漂落《ひょうらく》し、船を破られ、人物は皆損じたれど、偶々《たまたま》三〇ばかりの人が命を得て、大船を折破《せっぱ》して小舟を作り、本国に達するに得たりと云々」とある。ここに見える「裸人国」とは、文字通りいえば、年中衣服を着用しない裸の人間ばかりがいる国ということになる。「魏志倭人伝」にも、女王卑弥呼が住む邪馬台国から東南に船で一年行ったところに「裸《ら》国《こく》」と「黒歯国《こくしこく》」があると見える。しかし「裸国」「裸人国」とは特定の国（島）を指しているわけではなく、おそらく亜熱帯地域の人々が住む島（国）という意味で用いたものであろう。

それでは菅原朝臣梶成らが漂着した「南海賊地」とはどこか。これについては、そこを脱出した梶成と長松らが乗った二つの小船が、時期のズレはあるものの、ともに大隅国に到着していることから、上田雄は「奄美諸島周辺の島」の可能性を指摘する（上田雄『遣唐使全航海』草思社、二〇〇六年）。梶成らの小船と同時に賊地を出たはずの長松らの小船が二ヵ月も遅れて大隅に着いたことからすると、奄美諸島よりはさらに南の沖縄諸島の島《とう》嶼《しょ》を考えた方がよいのかもしれない。いずれにしても琉球弧であったことは否定できないであろう。

以上のように、承和の遣唐使船が漂着した「南海」あるいは「南海の賊地」が琉球弧の島嶼であるとすれば、斉明五年（六五九）に漂着した南海の「爾加委」も琉球弧の島嶼であったと見られる。天保《てんぽう》（一八三〇～一八四三）初年頃に書かれたとされる伊地知季安《いじちすえやす》の『南聘紀考《なんぺいきこう》』には「信覚はまた爾加委なり」とある。伊地知は信覚を新井白石《あらいはくせき》に従い石垣島《いしがきじま》とするから、爾加委を八重山諸島の主島である石垣島と考えていたことになる。しかし信覚を爾加委とする根拠はよくわからない。これに対して吉田東伍は『日韓古史断』（冨山房、一八九三年）の中で爾加委を南島の総称としての貴賀井に比定している。しかし当時、南島の総称はヤクであり、キカイあるいはキカイガシマに宛てられる文字は『日本書紀』本文には一切見えない。「爾加委」というのも「伊吉連博徳書」のみに見える用語である。したがって島の比定は難しいが、喜界島の可能性も捨てきれない。いずれにしても「爾加委」が琉球弧の島嶼であることだけは確実であろう。

注目したいのは、坂合連石布らの船が琉球弧の一島に漂着し、大使をはじめ多くの乗組員が島人との戦いで殺害されたにもかかわらず、東漢長直阿利麻、坂合連稲積ら五人は島人の船を盗み、それに乗って逃げ、括州（浙江省麗水）に着き、入唐を果たしていることである。盗んだ島人の船とて、遣唐使船に比べたら当然小型であり、場合によったら丸木舟の類であったかもしれない。そうした小舟で東シナ海を横断し括州に着いたのであるから、五人の中には琉球弧を経由して中国へ渡る海路に通じた者がいたとしか考えられない。その海路の存在は、意外と当時の大和の航海従事者の間では知られていたのではなかろうか。六五三年派遣の遣唐使のうち、薩摩半島沖と竹島の間で遭難した大使高田根麻呂らの船が、琉球弧経由による入唐を試みたのも、そうした背景があったのかもしれない。

多禰島

舒明・推古朝の掖玖人来朝以後、大和では大化改新や壬申《じんしん》の乱など大きな歴史上の事件が起こるが、壬申の乱を勝ち抜いた大海人皇子《おおあまのおうじ》が天武《てんむ》天皇となってしばらくした頃、久しぶりに多禰島人が来朝した。

『日本書紀』天武《てんむ》六年（六七七）二月条には、

多禰島《たねのしま》人等を飛鳥寺の西槻《にしのつき》の下に饗《あえ》す。

とある。多禰島は現在の鹿児島県種子島であろう。

この時期になぜ種子島の人が来朝したのか、推古朝の時と同じように遭難して日本列島の海岸に漂着し飛鳥に転送されてきたのであろうか。しかし推古朝の掖玖人の場合は朴井《えのい》に「安置」されたが、今回の場合は「饗《あえ》す」とあり、すなわち酒食によるもてなしを受けていることから、明らかに対応が異なっている。しかもその場所が飛鳥寺《あすかでら》の西の槻の下であったことは重要である。槻はツキノキと訓み、ケヤキの古名であるが、その巨木は『万

図5　飛　鳥　寺

図6　須 弥 山 石（飛鳥資料館庭内）

葉集』には「斎《いわ》ひ槻」と詠まれ、神の憑《よ》り坐《ま》す神の木とされた。このようなことから飛鳥寺の西の槻の下は神聖な場所として、そこでは重要なことがしばしば行われている。たとえば、大化改新《たいかのかいしん》の首謀者の二人すなわち中大兄皇子《なかのおおえのおうじ》と中臣鎌足《なかとみのかまたり》が打毬《けまり》をして親交を結んだところが法興寺（飛鳥寺）の槻樹の下であった。また大化のいわゆるクーデターの後、天皇・皇祖母尊・皇太子は大槻樹の下に群臣を集めて、天神地祇《てんじんちぎ》への誓盟を行っている。さらに壬申の乱の際、近江朝《おおみちょう》方の使者の穂積臣百足《ほづみのおみももたり》が軍営としたところでもあり、後に彼はそこで斬殺される。

なお飛鳥寺の西には須弥山《しゅみせん》像も造られた。それは園池《えんち》に設けられた噴水施設であったと考えられているが、明治時代にその須弥山石が出土し、現在飛鳥資料館に展示されていることは周知の通りである。これとは別に、斉明紀には甘檮丘《あまかしのおか》の東の川上と石上池《いそのかみのいけ》の辺《あたり》に須弥山を作ったとあるが、須弥山は仏教の宇宙観によると、仏教世界の中心にある高山である。このように仏教の上からも、そこは特別な場所に位置づけられていたのである。斉明朝では須弥山で陸奥・越の蝦夷《えみし》や粛慎《しゅくしん》が饗され、持統朝では蝦夷男女二一三人が饗されている。

多禰島人はこのような神聖な場所で饗されたのであるが、そうした場所で饗宴を受けることは、神に対して天皇への服属を誓約することを意味したと考えられている。

以上のことから、この時の多禰島の人は単なる漂着ではなさそうである。しかし突然自らの意思で朝貢《ちょうこう》してきたと解するのも不自然である。まったくの憶測にすぎないが、南島人の来朝は遣使が随伴することによって実現するのが一般的であった後の例を参照すれば、これより先に多禰島への遣使があり、その遣使の帰朝の際に同行してきたことも考えられる。その時何らかの「朝貢物」を持って来朝したことも推察される。もっとも彼らにとっては「朝貢物」という意識は毛頭なく、あくまで交易物のつもりであっただろうが、大和政権側では化外《けがい》からの朝貢者に見立てて対応したのである。

多禰島への遣使

二年後、その多禰島に使が派遣された。『日本書紀』天武八年（六七九）一一月条には、

大乙下《だいおつげ》倭馬飼部造《やまとうまかいべのみやつこ》連《むらじ》を大使と為《な》し、小乙下《しょうおつげ》上寸主光欠《かみのすぐりこうかむ》を小使と為し、多禰島に遣わす。仍《よっ》て爵《しゃく》一級を賜う。

とある。倭馬飼部造連と上寸主光欠（欠の字を父または文とした写本もある）の人名の前につけられた大乙下および小乙下は、天智《てんち》天皇三年（六六四）に定められた冠位である。大宝令の位階でいえば、前者が八位、後者が初位相当であるから、位としては低く、いわば

下級官人クラスを派遣している。

また二人は大使と小使に任命されていることから、遣多禰島使は小規模ながら組織編成がなされていたことがわかる。天武一〇年七月に、小錦下《しょうきんげ》の采女臣竹羅《うねめのおみちくら》を大使、当摩公《たいまのきみ》楯《たて》を小使として新羅へ派遣し、また同日に、小錦下の佐伯連広足《さえきのむらじひろたり》を大使、小墾田臣麻呂《おはりだのおみまろ》を小使として高句麗《こうくり》に派遣しているように、こうした構成は朝鮮半島への使者派遣の場合と同様であった。ただ小錦下は位階でいえば五位相当であるから、朝鮮半島への使者の場合は高官クラスを充《あ》てている。これは大和政権への関わりが、多禰島の場合、新羅・高句麗に比べて歴史が浅く、夷狄とみられていたことと関係があろう。

大使の倭馬飼部という氏は、倭（大和）に居住して馬の飼養や従駕（行幸に従って行くこと）をつとめる馬飼部の伴造《とものみやつこ》系氏族である。小使の上寸主（村主）氏はいわゆる渡来系氏族である。遣多禰島使の任命にあたって、そうした氏族の伝統や特性を重んじたかどうかはわからないが、いずれの人物もこれ以外には史料に見えない。

多禰島の状況

彼らは約一年一〇ヵ月後に帰朝し、その結果を報告している。『日本書紀』天武一〇年（六八一）八月条には次のように見える。

多禰島に遣わす使人等、多禰国図を貢す。其の国、京を去ること五千余里。筑紫の南の海中に居《あ》り。髪を切りて草の裳《も》を着す。粳稲《うるちいね》常に豊《ゆたか》なり。一たび殖《う》えて両《ふた》たび収む。土毛《くにつもの》は支子《くちなし》・莞子《かま》及び種々の海物等多し。

これによれば彼らは多禰国図を作製して提出したことがわかる。多禰国図そのものはもちろん残っていないので、それが具体的にどういうものであったかは不明であるが、その名称からして島の地図であったことは間違いない。渡来系氏族の上寸主光欠を小使に任命したのは、彼の知識・技術を活用するためだったのだろうか。なお天武一三年二月に、行《あん》宮《ぐう》（天皇が行幸する時の仮の宮）を造営するため信濃国に派遣された使が閏四月に「信濃国之図」を進上した例がある。

次に帰朝報告に見える島の状況について逐一検討しておこう。

まず多禰島の位置についてであるが、筑紫の南の海中にあるというのはその通りである。しかし、都すなわち飛鳥の地から五千余里離れたところにあるというのはどうか。当時の一里が現在の何メートルにあたるのか判断すべき材料がないのでその正否は置くとして、果たして本当に実測した数値なのか疑問である。それよりも、『隋書』倭国伝には「夷人里数を知らず、ただ計るに日を以ってす」とあり、倭国の人は里数についての正確な知識は持ち合わせていなかったようであるから、五千余里というのをそのまま信じるわけにはいかない。たとえば『三国志《さんごくし》』魏書東夷伝倭人条《ぎしよとういでん》（「魏志倭人伝《ぎしわじんでん》」）のような、何らかの資料をもとに漠然と示したものであろう。

人々の風俗については、頭髪を短くしていること、草の裳を着ていると記している。参考までに中国正史に見える倭人および流求人の風俗記事と比較してみよう。

「魏志倭人伝」には、男子は皆「露紒《ろかい》」とあり、『隋書』倭国伝には「髪を両耳上垂れる」とあるが、これは男子埴輪《はにわ》に見られるような、髪を中央より分けて耳のあたりで束ねて結う、いわゆる「みずら」のことであろうと考えられている。また婦人は「魏志倭人伝」には、「被髪屈紒《ひはつくつかい》」すなわち髪をまげ結んでいるとある。一方、『隋書』流求国伝によれば、「男女皆、白き紵《ちよ》の縄を以って髪を纏《まと》め、項の後従《よ》り盤繞《ばんにょう》して額《ひたい》に至る」とあり、男女とも髪を束ねてしばり、それを頭の中央後ろのあたりから額の方へ持っていって固定していたようである。したがって、いずれの場合も、髪はむしろ長く伸ばしており、多禰島人のように頭髪を短くしているのは珍しかったのかもしれない。

衣服について「魏志倭人伝」には、男子の衣は「横幅《おうふく》、但《ただ》結束して相連《あいつら》ね、略《ほぼ》縫うこと無し」とあり、婦人の場合は「衣を作ること単被の如く、其の中央を穿《うが》ち、頭を貫きて之を衣《き》る」とある。すなわち、男子は幅の広い布をそのまま体にまきつけ、婦人の場合は、布の中央に穴をあけてそこに首を通すだけの簡単な衣服であった。また『隋書』流求国伝には、「闘鏤《とうる》の皮幷《なら》びに雑色《ぞうしき》の紵《いちび》及び雑《くさぐさ》の毛を織り、以て衣と為す」とあり、闘鏤樹については「やらぶ」「がじゅまる」「くば」とする諸説があるが、その皮やいろいろな紵や毛などを衣服として身にまとっていたという。これに対して多禰島人は草で編んだものを身につけていたのであろう。

次に稲作について「粳稲は常に豊なり」とある。『日本書紀』の写本では粳稲にイネと訓をふっているが、粳《うるち》はいうまでもなく、炊いた時糯米《もちごめ》のように粘りけがない普通の米のことで、そうした粳の稲が毎年豊かに稔るというのである。また「一たび殖《う》えて両たび収《おさ》む」というのは、一年に一度植えて二度収穫できるという意味である。ただしこれは二期作ではなく、一度収穫した後にヒコバエが成長し、二度収穫できることを述べたものと解される。

土毛とは、『令 集解《りようのしゆうげ》』賦役令土毛条所引の古記に「当国生ずる所、皆、是れ土毛のみ」とあるように、地方の産物のことであるが、多禰島の土毛として、ここでは支子と莞子《かま》が挙げられている。支子は枝子または梔子にもつくるが、『倭名類聚抄《わみようるいじゆうしよう》』および『本草《ほんぞう》和名《わみよう》』に「和名、久知奈子」と見え、アカネ科常緑低木としてよく知られている「くちなし」のことである。莞子は蒲《がま》のことで、湿地に自生するガマ科の多年草である。『延喜《えんぎ》式《しき》』雑式の諸国釈奠《せきてん》条に「席《むしろ》皆莞を以て」とあり、その葉でむしろを編み利用した。また種々海産物が多いとあるが、周囲が海に囲まれており、それは今も変わらない。

この時の遣多禰島使は帰朝に際し島民も連れて来たらしい。『日本書紀』の同年九月条には、

多禰島人等を飛鳥寺の西河辺に饗す。種々の楽《がく》を奏す。

とある。飛鳥寺の西の河辺というは、おそらく四年前の槻の木のあった広場とほぼ同じ場所と見てよい。「種々の楽を奏す」とあるのは、服属儀礼としての多禰島人による風俗歌舞の奏上ではなく、多禰島人の前で多種多様な舞楽を演奏して見せたという意味である。これは天武天皇の支配力を誇示するきわめて政治色の濃い儀式であっただろう。

ヤクの分化

天武朝になって多禰島との交渉が進むと、これまで漠然ととらえられてきた琉球弧の島々の様子が次第に明らかになっていく。『日本書紀』天武一一年（六八二）七月条には、

多禰人・掖玖人・阿麻弥人、禄を賜うことおのおの差《しな》有り。

とあり、来朝した多禰人・掖玖人・阿麻弥人に禄を賜っている。ここに出てくる多禰人は

種子島の人、掖玖人は屋久島の人、阿麻弥人は奄美大島の人であることは大方異論がないであろう。多禰人・掖玖人・阿麻弥人が並記されているように、推古・舒明朝においては琉球弧の総称として用いられていた掖玖が明確に分化しており、以後、掖玖の語は屋久島そのものを指すようになる。また奄美大島は、前述の通り『日本書紀』斉明三年（六五七）条の「海見島」を初見とするが、それはあくまで島名であり、奄美大島の人々の来朝は本条が初めてである。

これらの島々からの来朝者は、事前に大和から使が遣わされ、島民に朝貢を慫慂《しょうよう》し連れて来た人々であろうが、天武八年の遣多禰島使が屋久島や奄美大島まで渡ったのか、あるいは天武一一年の早い段階で別途に派遣された使がいたのか、いずれかであろう。

『日本書紀』にはその後も多禰島に関する記事が続く。天武一二年（六八三）三月条には、多禰に遣わした使人らが帰還したとある。

多禰島の重視

天武期には特に多禰島への遣使が目立つが、それは南島支配の拠点としての多禰島を重視したためであろう。こうした基本的立場は次の持統天皇の代にも引き継がれ、『日本書紀』持統九年（六九五）三月条には、

務広弐《むこうに》文忌寸博勢《ふみのいみきはかせ》・進広参《しんこうさん》下訳語諸田《しものおさのもろた》等を多禰に遣わして、蛮《ばん》の所居《いどころ》を求めしむ。

とあり、多禰島へ使が派遣されている。務広弐・進広参は天武一四年に改訂された冠位で、大宝令の位階でいえば、前者が正七位下、後者が少初位上相当で、やはり下級官人クラスの者が任ぜられている。「蛮の所居」とある蛮とは、中華の周囲に北狄《ほくてき》・東夷《とうい》・南蛮《なんばん》・西《せい》戎《じゆう》という未開の諸地域を置く華夷《かい》（中華）思想の世界観のうち、南方の野蛮な国という意味で、編者の中華意識の表れである。

『上屋久町《かみやくちよう》郷土誌』は、この時の遣使の帰朝記事が見えないことから、派遣の企てにとどまったと解しているが、史料的に遣使の出発・帰朝記事が必ずしも残っているとは限らないので、こうした見解には従えない。

またこの時の遣使の文忌寸博勢が文武《もんむ》二年（六九八）に南島へ派遣される覓国使《くにまぎのつかい》と同一人物であることから、『鹿児島県史』は、持統九年の遣使に都合が生じ実際に出発したのが文武《もんむ》二年であったと解している。しかし三年間も都合によって出発が遅れたというのも不自然で、これだけの年数があれば多禰島に行って帰ってくることも十分可能である。

私は、持統九年に派遣された文忌寸博勢は帰朝後、文武二年に新たに覓国使に任命され再び南島へ渡ったと考える。もしそうであるとすれば、持統九年の派遣は、来たるべき本格的な覓国使派遣に備えて、情報収集および予備的調査の意味が込められていたとみなす

こともできよう。後述するように覓国使派遣にあたって彼らに戎器《じゅうき》を持たせるようにな
ったのは、あるいはこの時の復命がきっかけであったのかもしれない。

八〜九世紀の「南島」と遣唐使航路

覓国使の派遣と南島人の来朝

文武朝の覓国使

舒明朝には掖玖《やく》に、天武・持統朝には多禰島《たねしま》に使を遣わしているが、文武《もんむ》二年（六九八）に「南島」に派遣された使はそれまでの遣使とは異なるものであった。史料は『日本書紀』から『続日本紀《しょくにほんぎ》』に移る。『続日本紀』に見える一連の記事を掲げよう。

①文武二年（六九八）四月一三日条
務広弐《むこうに》文忌寸博士《ふみのいみきはかせ》等八人を南島に遣わして国を覓《もと》めしむ。因って戎器《じゅうき》を給す。

②文武三年（六九九）七月一九日条
多褹《たね》・夜久《やく》・菴美《あまみ》・度感《とかん》等の人、朝宰《ちょうさい》に従い来たりて方物を貢す。位を授け、物を

賜うこと、各差《おのおのしな》有り。其《そ》れ度感島の中国に通ずるは是《ここ》に於て始まる。

③文武三年（六九九）八月八日条

南島の献物を伊勢太神宮および諸社に奉る。

④文武三年（六九九）一一月四日条

文忌寸博士・刑部真木《おさかべのまき》等、南島自《よ》り至る。位を進むること各差有り。

⑤文武四年（七〇〇）六月三日条

薩末《さつま》の比売《ひめ》・久売《くめ》・波豆《はず》、衣評督衣君県《えのこおりのかみえのきみのあがた》・助督衣君弖自美《すけえのきみのてじみ》、又、肝衡難波《きもつきのなにわ》、肥《ひ》人《ひと》等を従え、兵を持ちて覓国使刑部真木等を剽劫《ひょうきょう》す。是に於て、竺志惣領《ちくしのそうりょう》に勅して、犯に准じて決罰《けつばつ》せしむ。

これらの史料を通じて知られることを整理すると次のようになろう。

①によれば、文武二年（六九八）に務広弐（正七位下相当）文忌寸博士ら八人が「国を覓め」るため戎器を与えられ「南島」に遣わされた。推古朝・舒明朝に掖玖と総称された琉球弧に対して「南島」という語が用いられたのはこれが初めてである。「国を覓める」とは未知の国（島）を探し求めるということで、そうした使を「覓国使《くにまぎのつかい》」と称したが、その中に刑部真木もいた。また今回の遣使に対しては初めて戎器が与えられている。その戎

図7　徳之島から奄美大島を望む

器を遣唐使の大使や蝦夷征討軍の将軍に授与される節刀《せっとう》の役割があったとする考えもあるが、覓国使の任務が身の危険を伴うものであることが予想され、そうした不測の事態に備えるための武器と見た方がよい。

そうした武器を携行しなければならない任務とは、未知の島に対して朝貢《ちょうこう》を促し、朝貢圏の拡大を図ることであったと推測される。②に多褹・夜久・菴美・度感等の人の来朝記事が見えるが、これは明らかに覓国使の派遣によって実現したものである。多褹は種子島《たねがしま》、夜久は屋久島《やくしま》、菴美は奄美大島《あまみおおしま》、度感は徳之島を指すが、徳之島以外はこれ以前からすでに交渉のあった地域である。したがって結果的には徳之島を新たに開拓したにすぎない。それでも徳之島が初めて朝貢したことは、覓国使の最大の成果として強調すべきことであったのだろう。それ故に「度感島の中国に通ずるは是に於て始まる」と記したのである。ちなみにここで「中国」といっているのは日本における中華思想の表れで、日本本土の大和《やまと》政権を指している。

一方、覓国使の派遣が遣隋使の派遣の三年前である点にも注意を払う必要があろう。後述するように、大宝の遣唐使が律令の制定を唐に示すことを目的としており、文武二年の時点で、遣唐使の派遣は当然政治日程にのぼっていたと思われ、それに備えて新航路の開拓も覓国使の使命の一つであった可能性は高い。

④は覓国使が南島から帰朝し復命した期日である。しかし②によれば、すでにそれ以前に「朝宰」が多褹・夜久・菴美・度感などの人を連れて帰朝している。「朝宰」とは覓国使のことと思われるから、一部が先に帰朝し、残りの覓国使の帰朝を待って全員で復命したのが④と解されるのである。

⑤によれば、覓国使の刑部真木らが南九州で在地の豪族におびやかされている。②で「朝宰」が南島人を連れて帰朝しているにもかかわらず、④の復命が遅れたのは、刑部真木らが「朝宰」とは別行動を取り、南九州でトラブルを起こしたためと見られる。⑤の覓国使剽劫《ひょうきょう》事件に巻き込まれた人物に文忌寸博士の名が見えないので、彼が②の「朝宰」

に含まれていたことは十分考えられよう。

ところで、覓国使によって実現した南島人の朝貢に関して従来と異なるのは、彼らに対して授位・賜物がなされたことと、③に見えるように献上物が伊勢大神宮や諸社に奉られたことである。

位階については、授位の主体が天皇であることに大きな意味があり、官僚制とは別の秩序形成を目的としたものであることが指摘されているが、蕃国《ばんこく》や夷狄《いてき》への授位は、支配者にとっての対外的政治関係の指標であり、中華意識を充足せしめるものであった。一方授位される南島人にとっては、南島社会における位階の有効性はほとんどないといってよい。ただ位記や賜物については、「支配者」の威厳を保つ上で一定の役割を果たしたことも考えられなくはない。

伊勢大神宮や諸社への南島献上物の奉納については、中村明蔵は伊勢神宮の斎王《さいおう》や式年《しきねん》遷宮《せんぐう》の制度が天武・持統朝に整えられ、また神格化された天皇の祖神を祭祀する聖所として固定化されつつあったとして、そうした行為の政治的・宗教的意義を指摘している（中村明蔵「南島と律令国家の成立」『隼人と律令国家』名著出版、一九九三年）。

しかし蕃国・夷狄の奉献例としては他に、持統《じとう》六年（六九二）一一月に新羅《しらぎ》の調《ちょう》を伊勢・住吉・紀伊・大倭《やまと》・菟名足《うなたり》の五社に奉ったのをはじめ、文武二年（六九八）正月には新羅の貢物が諸社および天武天皇山陵にそれぞれ供献され、慶雲三年（七〇六）閏正月には伊勢大神宮および七道《しちどう》諸社へ新羅の調が奉献されたことが知られるから、③もそうした中央政府の国家意識（対外意識）すなわち華夷思想に立脚した朝貢物扱いの具体的な行為を示すものと解した方がより明確である。

慶雲期の南島人来朝

七世紀末の文武二年（六九八）に南島に派遣された覓国使は、翌年、方物を持った多くの南島人を連れて帰朝した。南島人は位や物を賜った後、帰郷の途に着いたと思われるが、八世紀初頭に再び南島人が姿を現す。

『続日本紀』慶雲《けいうん》四年（七〇七）七月六日条には、

使を大宰府に遣わして南島の人に位を授け物を賜うこと各差有り。

とあり、南島人が来朝したため、使を遣わして大宰府《だざいふ》において位を授け物を賜っている。おそらくこの南島人は、たんなる漂着ではなく、「朝貢」（南島人の意識としては交易）を目的として大宰府管内のどこかの国郡の海岸に着いたのであろう。そこで国司から大宰府に報告が行き、さらに大宰府が中央政府に判断を仰いだ結果、入京は認めず、大宰府において授位・賜物を行うことになったものである。南島人の「朝貢」は、華夷思想を標榜する

図8　大宰府跡

律令国家としてみれば歓迎すべきであるが、特に朝賀の儀に参列させる目的がなければ、あえて入京させる必要もない。大宰府で授位を行ったのはそのためである。しかしここで注目されるのは、この時の南島人が単独で来朝した可能性が高いことである。それは事前に南島への使人の派遣記事も帰朝記事もないことからの推測である。単独での来朝ということは、換言すれば南島人による主体的な「朝貢」ということである。

和銅期の「覓国使」

『続日本紀』和銅《わどう》七年（七一四）一二月五日条には次のような帰朝記事を載せている。

少初位下《しようそいのげ》太朝臣《おおのあそん》遠建治《おけじ》等、南島の奄美、信覚《しがき》及び球美《くみ》等の島の人五二人を率いて、南島自《よ》り至る。

また同霊亀元年（七一五）正月一日条には、

天皇、大極殿《だいごくでん》に御《ぎょ》して朝《ちょう》を受く。皇太子始めて礼服を加えて朝を拝す。陸奥《むつ》・出羽《でわ》の蝦夷《えみし》幷《なら》びに南島の奄美・夜久・度感・信覚・球美等来朝して、各《おのおの》方物《ほうもつ》を貢す。（後略）

とあり、同月一五日条には、

蝦夷及び南島七七人、位を授くること差有り。

とある。

これら一連の記事によれば、和銅七年（七一四）一二月五日に太朝臣遠建治らに率いられて来朝した南島人は蝦夷とともに元日朝賀の儀に参列させられて方物を貢じ、また正月の節宴において授位されている。今泉隆雄によれば、七世紀には個別に行われた蝦夷の朝貢行事が、八世紀になると朝廷全体の行事である朝賀・節宴の中に組みこまれるというが（今泉隆雄「蝦夷の朝貢と饗給」『東北古代史の研究』吉川弘文館、一九八六年）、この霊亀元年の朝賀における蝦夷と南島人の朝貢には特別の意味があった。それは首《おびと》皇子立太子《りったいし》後最初の朝賀の儀であったということである。『続日本紀』霊亀元年正月一〇日条には、「今年元日に皇太子始めて朝を拝す、瑞雲顕《あきら》かに見《あら》わる」として天下に大赦を命じ叙位を行う詔を出しており、この年の朝賀の儀が首皇太子の存在を強くアピールするものであったことがうかがえる。南島人の参列は、そうした特別な意味を持った朝貢の儀を盛大ならしめるものであった。

したがって首皇子の立太子は和銅七年六月であるから、翌年の正月の儀式を念頭において太朝臣遠建治らを南島に派遣した可能性は十分考えられる。参列させられた南島人の中には信覚人と球美人が含まれており、信覚と球美が新井白石《あらいはくせき》の比定に拠り（『南島志《なんとうし》』）、それぞれ石垣島《いしがきじま》、久米島《くめじま》だとすると、遠建治らは文武二年の文忌寸博士らよりもさらに南方まで足を伸ばしたことになる。華夷思想においては、より遠方からの来朝はそれだけ天皇の徳が高いことの現れと見ることから、遠建治らはそのことを念頭に行動したと考えられる。

ただ信覚と球美の島名比定に関しては従来から議論もある。そのうち球美については西表《いりおもてじま》島の古見《こみ》にあてる人もいるが、大方は久米島で一致しているといってよい。

しかし信覚は石垣島ではありえないとする見解は根強い。それは奄美から沖縄島や久米島までは島々を見ながら航行できるが、久米島から宮古島までの二〇〇キロの間はまったく

図9　石　垣　島（海上保安庁石垣航空基地提供）

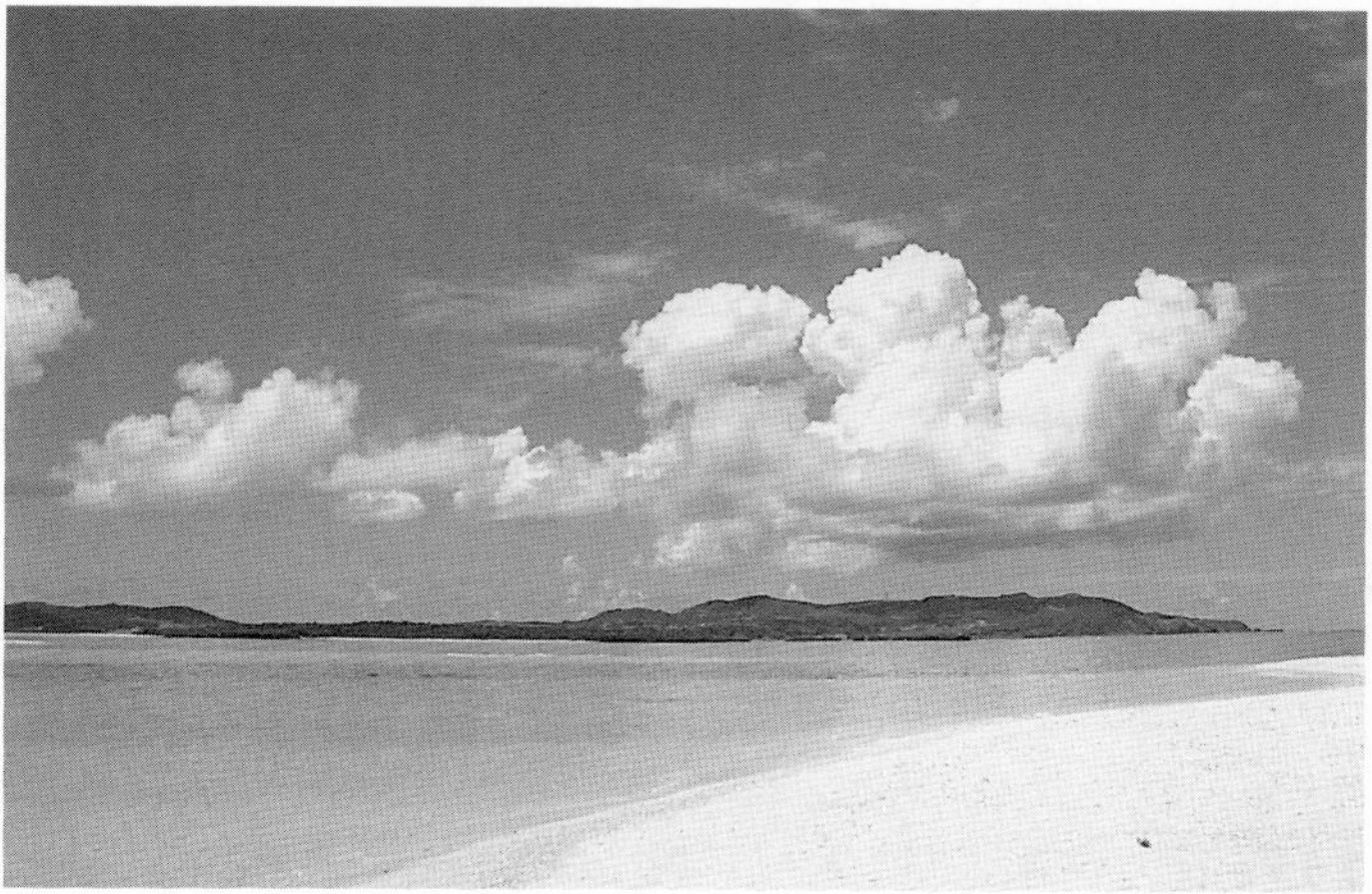

図10　久　米　島（久米島町観光協会提供）

島が見えず、沖縄本島と宮古島の間にある慶良間海裂《けらまかいれつ》は南北双方の文化の交流を阻む壁になっていたという。これを越えて考古遺物が確認されるのは一二世紀以後であるから、八世紀初頭に太朝臣遠建治らが慶良間海裂を越え石垣島まで行くことは、こうした考古学の常識では想定できないのである。

考古学的に南北の文化が慶良間海裂を越えた形跡は見られないというが、まったくないわけではない。たとえば、スイジガイの突起部に加工を施した「スイジガイ製利器《りき》」は沖縄諸島と先島《さきしま》諸島の双方から出土する。しかも加工の仕方に共通性があるという（盛本勲「南北琉球圏に共通・類似する遺物」『月刊　考古学ジャーナル』三五二）。これを人類の営みの偶然の結果と見ることもできようが、「海の壁」といえども人の往来がまったくなかったとは断定できないことを示している。

こうした議論とは別に、久米島の近くの大きな沖縄島の名が見えず、宮古島よりもさらに南の石垣島の名が見えるのはおかしいというのも理由の一つとなっている。

しかし『続日本紀』に沖縄島人が見えないのは来朝しなかったからであり、遠建治らは沖縄島にも立ち寄り来朝を促したが、沖縄側がこれに応じなかったことも考えられる。遠建治らの来朝慫慂《しょうよう》とは状況は異なるが、隋の「慰撫」に従わなかった流求国のイメージと重なる面がある。したがって信覚を石垣島に比定する新井白石の説は一概に否定できない。

このように、はるか南方の球美（久米島）や信覚（石垣島）からの朝貢を実現できたこ

図11　スイジガイ

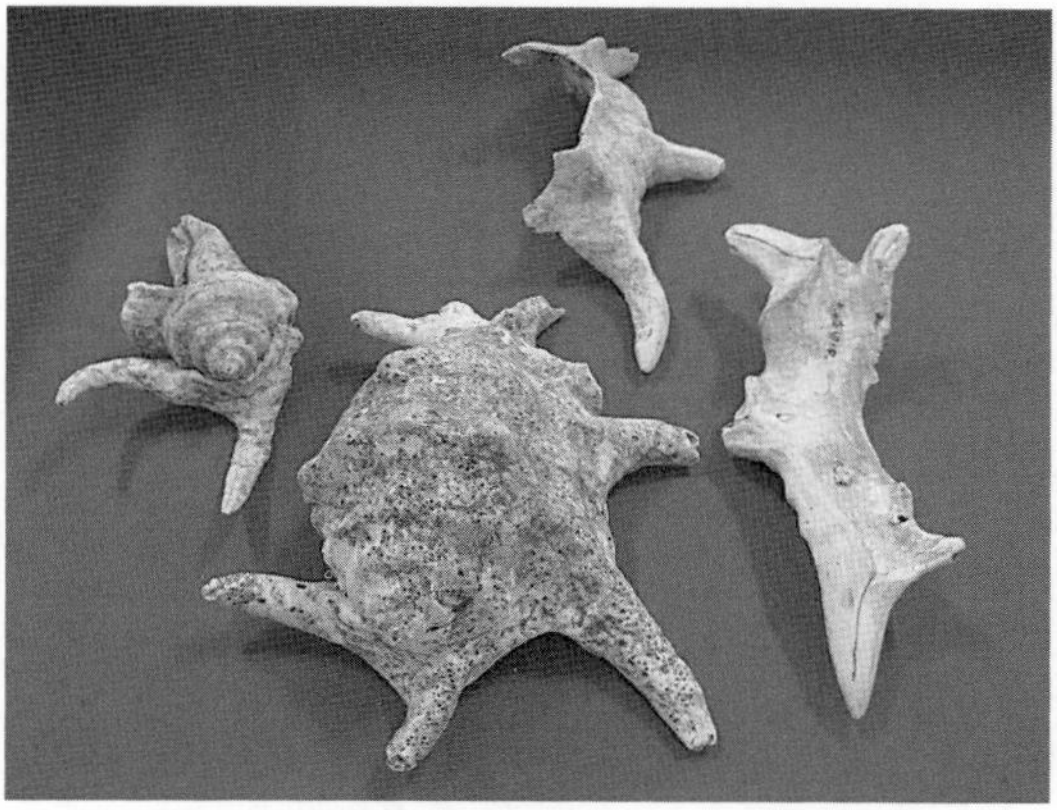

図12　スイジガイ製利器（石垣市教育委員会所蔵）

とは、朝貢圏の拡大という意味では、これまでで最大の成果を得たことになる。そして彼らの朝賀への参列は律令国家における中華意識を鼓舞するに十分な効果をあげたであろう。太朝臣遠建治によって、沖縄諸島および先島諸島から律令国家への「朝貢」が初めて実現したが、その後、六～七年間隔で南島人が来朝している。

養老・神亀期の南島人来朝

『続日本紀』養老《ようろう》四年（七二〇）一一月八日条には、

南島人二三二人に位を授くること各《おのおの》差有り。遠人を懐《なづ》くなり。

とある。また神亀《じんき》四年（七二七）一一月八日条にも、

南島人一三二人来朝す。位を叙すること差有り。

とある。

いずれも南島人が来朝し、彼らに位を授けたという簡単な記事である。この時期の二度の南島人の来朝について、前者を養老四年の隼人《はやと》の反乱沈静化に向けた南島懐柔策の一つと見なし、後者を神亀四年における皇子の誕生・立太子や渤海使《ぼっかいし》の来朝との関連を指摘する見解や（黒嶋敏「（書評）山里純一著『古代日本と南島の交流』」『歴史学研究』七五七）、あるいは前者に「遠人を懐《なづ》くなり」とあることに注目し、華夷《かい》思想にもと

づく政治的なものであったとする見解（中村明蔵「南島覔国使と南島人の朝貢をめぐる諸問題」『鹿児島経済大学地域総合研究』二三ノ二）がある。しかし、この前後に南島への使人の派遣および帰朝に関する記事が史料にまったく見えないことから、これらは南島人による単独来朝と見ることもできよう。授位が行われた場所が記されていない点も気になる。慶《けい》雲《うん》四年（七〇七）には中央から使を遣わして大宰府で行われた例もあるので、養老四年と神亀四年の場合も位を授けたところが大宰府であった可能性も否定できない。

南島人に対する授位の理由として『続日本紀』が「遠人を懐くなり」と記しているのはあくまでも大和の政権側の論理であって、南島人の来朝をこのことと結びつけて朝貢と見なすことはできない。南島人の意識としてはあくまでも交易であることを認識しなければならない。

このように見てくると注目すべきは、養老四年の二三二人、神亀四年の一三二人という人数である。和銅七年に太朝臣遠建治が連れて来た奄美、信覚および球美等の島人は五二人であり、それと比べると約四・五倍ないしは約二・五倍で、当然、一つの島ではなく、いくつかの島の住人から成る総勢であろう。南島人の単独「朝貢」となると、出発する時期・人数・物品の種類や数量などの割り振り、あるいは島と島との連絡調整をはかったりする人物がいなければならない。また各島においても舟の手配や物品の確保などの作業が生じる。そこに当然そうしたことを差配する人、これに従う人が存在していたであろうことは想像に難くない。すなわち「朝貢」を行う当時の南島社会は、身分階層が存在する階層社会であったことが考えられるのである（鈴木靖民「南島人の来朝をめぐる基礎的考察」田村圓澄先生古稀記念会編『東アジアと日本　歴史編』吉川弘文館、一九八七年）。

遣唐使と「南島路」

大宝の遣唐使と航路

大宝《たいほう》元年（七〇一）正月に遣唐使が任命され、その年に筑紫《つくし》から出帆したが、風浪に妨げられ、翌年の六月再出帆となった。前回の天智天皇八年（六六九）以来、実に三三年ぶりとなる遣唐使の派遣である。その間、朝鮮半島の情勢は大きく変化する。六六三年に百済《くだら》が、六六八年には高句麗《こうくり》が相次いで滅亡し、六七六年に新羅は朝鮮半島を統一した。

一方、日本では、六七二年に壬申《じんしん》の乱《らん》が起こり、その勝利者として権威を得た天武天皇が、天皇を頂点とした中央集権国家体制の構築に取り組む。それは持統天皇や文武天皇に受け継がれ、文武天皇五年＝大宝元年（七〇一）には、はじめて律と令が揃う大宝律令《たいほうりつりょう》が完成、施行された。こうしたタイミングで派遣された大宝の遣唐使は、日本が名実ともに律令国家《りつりょうこっか》となったことを唐帝国へ示し、ひいては東アジア世界に知らしめることを目的とした、きわめて政治的な意味あいの濃いものであった。大宝律令の撰定に関わった粟田《あわたの》朝臣《あそん》真人《まひと》を遣唐大使《けんとうたいし》よりも上位の遣唐執節使《けんとうしっせつし》に任じ、天皇の権限の委譲を象徴する節刀を授けて派遣している。対外的に「日本」という国号を初めて使用したのもこの時である。

大宝の遣唐使が、これまで採ってきた北路を棄て、初めて南島を経由する新航路で入唐し、以後、養老期、天平期、天平勝宝期の遣唐使までこの航路が採用されたことを最初に指摘したのは、大正一五年（一九二六）に出版された木宮泰彦『日支交通史』上巻（金刺芳流堂）である。木宮はその航路を南路の一つと見なしていたが、昭和四一年（一九六六）に出版した森克己の『遣唐使』（至文堂）の中で、この航路は「南島路」と命名され、以後、辞典や概説書や教科書などにも掲載されるようになった。

しかし大宝の遣唐使の往路に関しては、『万葉集』巻一―六二番の次の歌に見える「対馬の渡り」の解釈をめぐって議論がある。

三野連《みののむらじ》（闕名）唐に入る時、春日蔵首老《かすがのくらのおびとおゆ》の作る歌

ありねよし対馬の渡りわた中に幣《ぬさ》とり向けて早帰り来ね

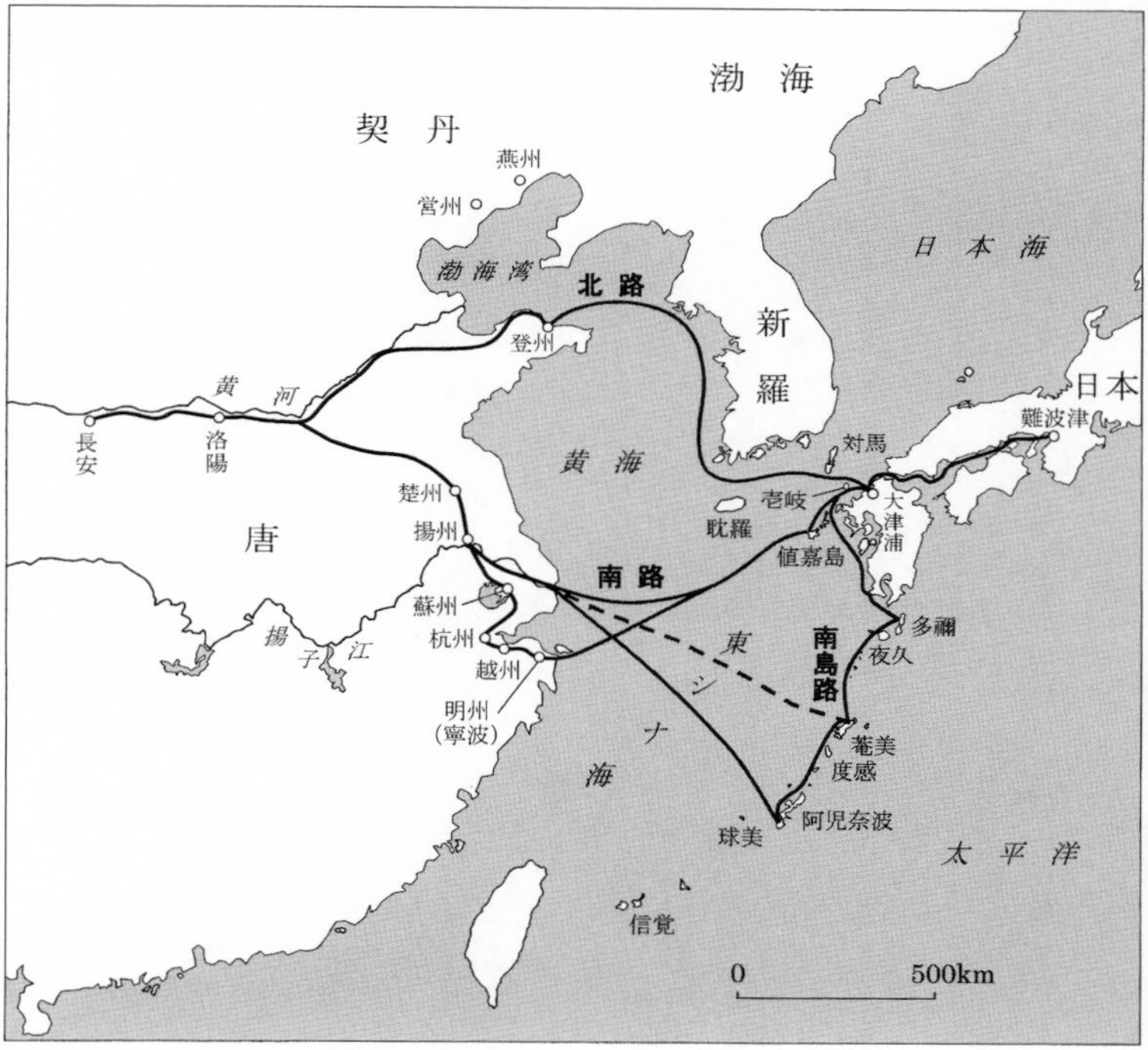
渤　海
契　丹
燕州
営州
渤海湾
北路
新
羅
日本海
日本
登州
黄　河
長安
洛陽
黄海
対馬
難波津
楚州
壱岐
大津浦
耽羅
唐
揚州
値嘉島
南路
蘇州
多褹
杭州
揚子江
東
南島路
夜久
越州
シ
明州
(寧波)
ナ
奄美
度感
海
阿児奈波
球美
太平洋
信覚
0
500km

図13　遣唐使航路

『続日本紀』大宝元年正月二三日条の遣唐使任命記事に三野連某なる人物は見えないが、奈良県生駒《いこま》市の古墓から発見された美努連《みぬのむらじ》岡麻呂の墓誌《ぼし》に「大宝元年歳次辛丑五月、使乎唐国」とあることから、三野連某は美努連岡麻呂と見られている。彼はもと弁紀という僧でその年の三月に勅命によって還俗《げんぞく》し、この姓を賜っているが、その後、五月に遣唐使の一員に加えられたのだろう。問題は、その美努連岡麻呂の入唐に際して春日蔵首老が贈った歌に「対馬の渡り」とあり、対馬海峡を渡って対馬に至る意味にも受け取れる表現が用いられていることである。これにより美努連岡麻呂は対馬を経由する北路を採ったとする見解もある。これに対して東野治之は、「対馬の渡り」を対馬への渡航点であった五島列島の呼称とし、そこは後に南路の起点として現れてくることから、この時の遣唐使が南路を採った証左と見る（東野治之「ありねよし　対馬の渡り」続日本紀研究会編『続日本紀の時代』塙書房、一九九四年）。しかし『続日本紀』大宝二年六月二九日条には「遣唐使ら、去年筑紫よりして海に入るに、風浪暴険にして渡海することを得ず」とあり、『続日本紀』の編者でさえ渡海の起点を筑紫としているのに、当時、誰一人として経験したことがない南路の起点が五島列島であることを、果たして万葉歌人が歌に詠めたのか疑問である。おそらく春日蔵首老には、朝鮮半島南端から唐を目指すか、朝鮮半島西海岸沿いを北上する北路で入唐するか、いずれの場合でも対馬を経由する前回までの航路が観念としてあったのではないかと思われる。

北路を棄てた理由

『新唐書《しんとうじょ》』日本伝には、天平勝宝期《てんぴょうしょうほう》（七四九〜七五七）の遣唐使に関して「新羅海道を梗《ふさ》ぐ。更《あ》えて明〔州〕・越州繇《よ》り朝貢す」とあり、唐は、新羅が海路を通行できないようにしているために明州《めい》・越州《えつ》を経て朝貢していると認識していたようである。しかしこのことを大宝の遣唐使に遡らせて適用することはできない。というのは、遣唐使が任命される三年前の文武元年（六九七）一〇月に新羅使が来朝しているからである。この報を受けた律令政府は、翌月、彼らを迎える使者を陸路・海路双方から筑紫に派遣した。新羅使を迎接するために京から筑紫に使者が派遣されるのはきわめて異例である。新羅使は文武二年の朝賀の儀式に参列し、二月に帰国したが、彼らが持参した新羅の貢物は諸社および天武の大内三陵に供されている。これを見る限り、新羅との関係悪化のため北路を避けて新航路で渡唐したとは考えられない。大宝の遣唐使における航路変更は、律令の完成を唐に示す遣唐使派遣の目的と併せて考える必要があろう。

これまで中国の先進文化は朝鮮半島の高句麗・新羅・百済を経由して間接的に摂取して

いた。遣隋使および初期の遣唐使が北路を採る場合でも、百済・新羅の領海内を通らなければならないため、両国の協力は不可欠であった。しかし六七六年以降、朝鮮半島全土が新羅の支配下になり、新羅の協力を得なければ中国の文化を移入できないというのは、大宝令において新羅を蕃国と位置づけ優位性を保とうとする日本にとって好ましいことではない。そこで律令政府としては、新羅の世話を受けずに、直接唐文化の移入を図ることが求められていたのではなかろうか。問題はその場合、「南島路」を採ったか、南路を採ったかである。

南路説の疑問

琉球列島と中国大陸東岸を往来できる海路が存在することはある程度知られていたと思われる。流求の「布甲」を見た遣隋使小野妹子《おののいもこ》らは、朱寛《しゅかん》が掖玖（琉球弧）に行って帰ってきたことを知ったはずである。また白雉《はくち》四年（六五三）に遣唐使の一部が琉球弧を経由して渡唐しようとしたり、斉明《さいめい》天皇五年（六五九）に朝鮮半島南端の島から渡海した遣唐使の一部が「爾加委」（琉球弧の島嶼）に漂着し、そこから入唐していることからもうかがえる。遣唐使の派遣が政治日程に上っていたと思われる文武二年（六九八）に派遣された覓国使が奄美大島、徳之島まで行っているのは、航路の確保に向けた予備的行動という見方もできる。したがって「南島路」の条件は揃っていた。

これに対して南路の場合はどうか。朝鮮半島南端の島から東シナ海を渡って入唐できることは、過去の経験から知っていたであろうが、五島列島から東シナ海を横断した者はなく、事前にどれだけ海路の情報を得ていたのか少なくとも史料からは確認できない。天皇権限を付与された執節使が置かれる程の重要な使命を帯びた遣唐使を、未知の南路でいきなり渡唐させることを企図するであろうか、素朴な疑問を禁じ得ない。

なお『続日本紀』慶雲元年（七〇四）七月一日条に見える遣唐執節使粟田朝臣真人の帰朝報告の中に、唐に着いた時、現地の人に「ここは何州の地か」と問うたところ、「大周《たいしゅう》楚州塩城県《そしゅうえんじょうけん》の地である」と答えたというくだりがある。大周は則天武后《そくてんぶこう》が一時的に改めた国号であるが、楚州塩城県は現在の江蘇省《こうそしょう》塩城である。この着岸地点を以て大宝の遣唐使が南路を採った根拠とされるが、遣唐使が着岸地すらわからなかったということは、遣唐使船が当初から目指した場所には着けなかったことを意味する。海流と風向および風力に左右される当時の航海において、着岸地から逆に渡海地点および航路を特定することは困難であろう。

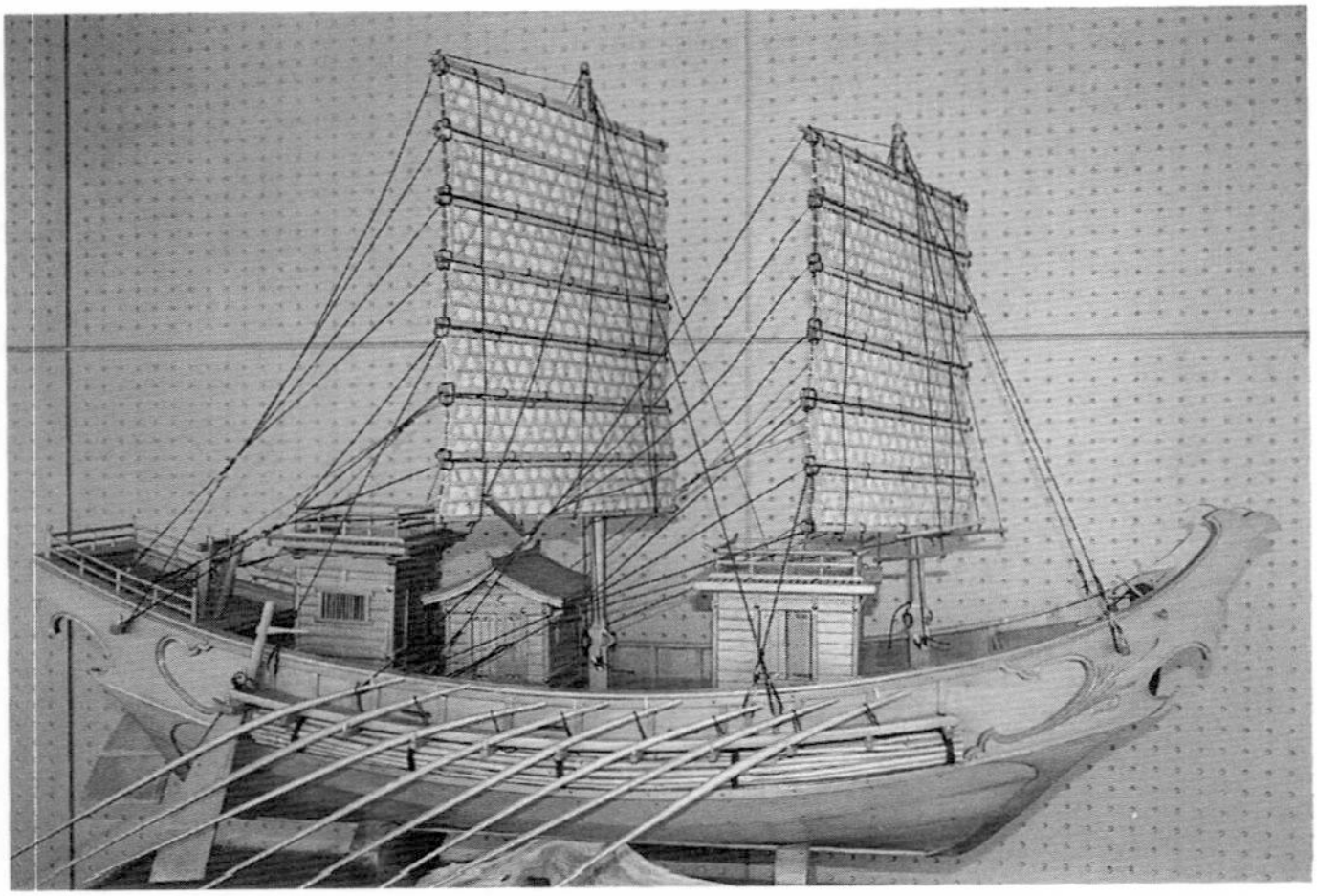

図14　遣唐使船模型

「南島路」採用の事例

遣唐使が順調な航海で入《にっ》唐《とう》した場合は史料に取り上げられることはなく、正史の記録は、往路・復路に関わらずほとんどが遭難・漂流した場合である。たとえば、白雉四年（六五三）の遣唐使が入唐の際に薩摩の曲《くま》と竹島間で遭難したことは前述した通りである。往路はこれが唯一であるが、復路の場合は次の通りである。

天平四年（七三二）に任命され翌年に出発した遣唐使は、帰国のため天平六年一〇月に中国の蘇州を出航したが、悪風が起こって諸船は漂流した。そのうち大使多治比真人広成《たじひのまひとひろなり》らが乗った第一船は、越州の地に漂着したが、一一月二〇日には多禰島に着き、天平七年三月一〇日に節刀を返上している。遣唐使船が越州から直接多禰島に着いたのか、あるいは奄美諸島のいずれかの島に着いた後、北上し多禰島に至ったのかは不明である。また副使中臣朝臣名代らの第二船は南海に漂流し、その後、唐に戻った後、再び日本を目指し、天平八年八月二七日に拝朝している。その間、薩摩国に寄港したようで、「正倉院文書《しょうそういんもんじょ》」の天平八年度薩摩国正税帳《しょうぜいちょう》には遣唐使第二船に対する経費が見える。

遣唐使第二船供給頴稲漆拾伍束陸把《えいとうしちろく》

酒伍斛参斗

すなわち、遣唐使の乗組員に対して、薩摩国の財源から頴稲七五・六束と酒五・三斗が支出されている。このことから遣唐使第二船は琉球弧を経由した可能性がある。

また天平勝宝四年（七五二）に入唐した遣唐使は、同六年に鑑真《がんじん》を伴って帰国の途についたが、鑑真の伝記である『唐大和上東征伝《とうだいわじょうとうせいでん》』に南島経由の様子が具体的に記されている。それによれば、鑑真一行は天宝一二歳（七五三）一一月一六日に中国の蘇州黄泗浦《そしゅうこうしほ》を四船で出発した。第四船は出発してまもなく火災を起こし船団を離れたが、二〇日の晩に第三船が、翌日には第一船と第二船がそれぞれ阿児奈波島に到着したという。同書には

図15　鑑　真　像（唐招提寺蔵）

図16　秋　目　浦

さらに一二月六日、南風が吹き、第一船は座礁したが、第二船は多禰島に向かって去り、七日に益救嶋（屋久島）に至ったとある。そして一八日に益救島を発ち、二〇日に薩摩国阿多《あた》郡の秋妻屋浦《あきめやうら》に着いている。第三船については『唐大和上東征伝』には特に記していないが、天平勝宝六年四月に紀伊国牟漏《むろ》崎に漂着したことが『続日本紀』に見える。さらに阿児奈波島沖で座礁した第一船の動向も『続日本紀』から知られる。どうやら座礁を脱したらしく、帆を挙げ奄美島を目指したが、その後、行方不明になったという。結局は安《あん》南《なん》（ベトナム）方面に流されたようで、ついに帰国はかなわなかった（『続日本紀』宝亀《ほうき》一〇年二月四日条）。黄泗浦を出発してまもなく火災を起こした第四船は、『続日本紀』によれば、天平勝宝六年四月に薩摩国石籬浦《いしがきのうら》に着いており、無事帰朝を果たしている。この場合も南島のいずれかの島に漂着した後、北上し薩摩国に至ったのであろう。

南島牌の設置

『続日本紀』天平勝宝六年（七五四）二月二〇日条には、次のような記事がある。

大宰府に勅して曰《いわ》く、去る天平七年、故大弐従四位下小野朝臣老《おののあそんおゆ》、高橋連牛養《たかはしのむらじうしかい》を南島に遣わし、牌《はい》を樹《た》てしむ。而《しか》るに其の牌、年を経て今既に朽壊《きゅうかい》せり。宜《よろ》しく旧に依りて修め樹て、牌ごとに顕《あきら》かに島の名幷びに船の泊る処、水の有る処、及び国に去就する行程を着《しる》し、遥かに島の名を見て漂着の船をして帰向する所を知らしむべし、と。

これによれば、天平七年（七三五）に大宰府官人を南島に派遣して樹てさせた牌が、年月が経過して朽《く》ち壊れていたとして、天平勝宝六年に修理せしめている。各牌には島の名称、船が停泊できる場所、水の在処《ありか》、また次の島までの航程を記して、漂着船がすみやかに帰るべき方向がわかるようにしたという。牌とは、中国の部首別漢字字典『玉篇』（五四三年成立）に「牌は牓なり」とある。すなわち札（ふだ）の意味である。おそらく樹木を切り倒し、長方形の板をいくつか作ってつなぎあわせて適当な大きさの板に仕立てて、その上に上記のような情報を書き入れた南島図が描かれていたのではないか。「帰向」という語からすれば、復路における漂着を念頭に置いたものである。また天平七年の牌の設置は、第一船に乗船し「南島路」で帰国した大使多治比真人広成が自らの経験から進言したもので、次回の遣唐使のためというよりも、途中、バラバラになってしまった他の三船の帰国のためにも早急な対応を求めたものと思われる。天平勝宝六年の牌の修理も、中国を出航してまもなく船中火災を起こして漂流した第四船と、沖縄・奄美間で漂流した第一船が、再び琉球弧に漂着した時を想定してのものであろう。天平七年に樹てた牌が朽壊して役に立たなかったとして修理を進言した遣唐使は、阿児奈波島と屋久島に着いていることから、少なくとも両島には牌が樹てられていたことになる。和銅七年の来朝には応じなかった沖縄島だが、牌の設置は抵抗なく受け入れたことになる。

なお一一月二〇日の夜から二一日にかけて阿児奈波島に着いた遣唐使船は一二月六日に出航するまで、風待ちのため一五、六日間、阿児奈波島に滞在している。その間の遣唐使の動向については何ら記録は残されていないが、『延暦僧録』（『日本高僧伝要文集』第三所引）には、唐僧義静《ぎじょう》が石窟《せっくつ》の中で魑魅《ちみ》に逢い失心したため、思託《したく》が檳榔《びろう》を採り義静を救ったことが見え、島内で僧侶が歩き回っていても、特に島民とのトラブルは発生していない。少なくとも阿児奈波島に到着した遣唐使一行が、「人を喰《く》らう島」として恐れた様子はまったく感じられない。

いずれにしても南島牌の設置および修理は、天平六年と天平勝宝五年に中国の港を同時に出航しながら、途中漂流して行方不明になった遣唐使船が琉球弧に漂着する可能性を想定したものであったと思われる。最初から五島列島を目指した宝亀（七七〇～七八一）・延《えん》暦《りゃく》（七八二～八〇六）・承和《じょうわ》期（八三四～八四八）の遣唐使は、南島に漂着することがなかったためか、南島牌のことは特に問題となっていない。寛平六年（八九四）に遣唐使は停止されたが、南島牌の修理を命じた勅は、ほとんど死文化したまま『延喜式』に規定されている。

奄美訳語の乗船

『延喜式』大蔵省には、入唐使の役職ごとに支給法を定めた条項があるが、そこに「新羅奄美等訳語」という役職名が見える。これにより遣唐使船には新羅訳語《しらぎおさ》と奄美訳語《あまみおさ》が乗船したことが知られる。彼らは、遣唐使船が新羅か琉球弧に漂着した時の通訳と考えられている。新羅訳語と奄美訳語がいつ置かれるようになったかは不明であるが、おそらく大宝の遣唐使以後であろう。

円仁《えんにん》の『入唐求法巡礼行記《にっとうぐほうじゅんれいこうき》』によれば、承和の遣唐使船に往復路とも多数の新羅訳語が乗船しているが、新羅訳語は漂着の時の通訳だけではなく中国の沿海地方で活動していた新羅人との交渉のために積極的な役割を果たしていた。

これに対して奄美訳語はどうであったか。遣唐使船は天平勝宝六年（七五四）に阿児奈波島に着いているので、奄美訳語は当然沖縄語にも対応できたのであろう。

琉球方言は、現在、奄美諸島、沖縄諸島、宮古諸島、八重山《やえやま》諸島の四つの言語に大別される。また音韻、文法、語彙の特徴的な面から、奄美・沖縄方言、宮古・八重山方言、与那国《よなぐに》方言の三つに分けることも可能であるという。琉球方言の中でも奄美方言と沖縄方言は比較的近いとなれば、奄美訳語が沖縄語の通訳を兼ねたとしても不思議ではない。言語学の研究によれば、かつては琉球方言と本土方言は日本祖語を形成していたが、ある時点に琉球方言が日本祖語から分かれたという。日本祖語からの分岐年代について服部《はっとり》四郎は、言語年代学的方法を用いて約一五〇〇年前ないし二〇〇〇年前という数値を算出したが、外間守善《ほかましゅぜん》は、この測定数値と、その他の言語学的諸現象により、二、三世紀頃から六、七世紀頃という仮説を立てている。そして一二世紀頃までは日本語と沖縄語はほとんど同一かそれに近い姿をもっていたと推定する（外間守善『沖縄の言葉と歴史』中公文庫、二〇〇〇年）。

こうした研究を踏まえて、あらためて南島人来朝のことを考えてみよう。天武一一年（六八二）に阿麻弥人が来朝しているということは、中央から派遣された使が奄美大島まで行ったことを示唆する。また文武二年（六九八）の覓国使《くにまぎのつかい》は朝貢圏の拡大と「南島路」の開拓を使命とし、少なくとも奄美大島や徳之島まで行っている。和銅七年に南島に派遣された太朝臣遠建治らの場合は、さらに南の沖縄諸島や信覚（石垣島）まで足を延ばしている。さらには南島に牌を樹てるために派遣された使は最低でも沖縄諸島までは行ったであろう。しかしこれらの使に訳語が同行したという記録は一切見えない。ということは、単に史料的な問題ではなく、この頃までは訳語なしでも大和の官人は琉球弧の島民と意思の疎通をはかることができたということであろう。

そうなると奄美訳語が遣唐使船に乗船したことの意味をあらためて考えなければならない。『延喜式』大蔵省の賜蕃客例条には、日本に入朝する新羅王子の随行員に「大唐通《つう》事《じ》」「渤海通事」「百済通事」が見える。中にはすでに滅亡した百済の言語を話す通事が含まれている。「渤海通事」も渤海の前身である高句麗の言語を話す通事であった可能性もある。したがってこのことは、通事が必ずしも現実的な通訳としての役割のみではなかったことを示唆する。遠山美都男は、日本の天皇が、現に朝鮮半島を領有・支配している新羅のみならず、すでに滅亡した百済や高句麗をも従えていることを外交の場で確認するのが目的だったと述べるが（遠山美都男「日本古代の訳語と通事」『歴史評論』五七四）、遣唐使が奄美訳語を随行したのもこれと同じ意識があったのではないか。奄美訳語にどういう人物があてられたか史料にはまったく見えないが、来朝した奄美人の中から選んだのか、琉球弧に寄港した際に乗船させたのか、いずれかであろう。いずれにしても現地の人が宛てられたと思われる。そのことによって、かつて斉明五年（六五九）の遣唐使が蝦夷を随伴したように、唐の皇帝に夷狄としての南島人の存在を示すこともできたであろう。それはまた大宝律令の完成を唐に示すという意味でも効果的であったと思われる。

遣唐使の役職に奄美訳語が存在したことは「南島路」の存在を前提にしてこそ理解できるであろう。また夷狄の地を経由する「南島路」は、律令政府にとっても唐帝国に大いに誇示できることであった。

モノから見た琉球弧

琉球弧の交易物

南島赤木の貢進

延長《えんちょう》五年（九二七）に完成奏上《そうじょう》された『延喜式《えんぎしき》』民部省下《みんぶしょうげ》には、大《だ》宰府《ざいふ》が毎年貢進する年料別貢雑物《ねんりょうべっこうぞうもつ》の品数が挙げられているが、その一つに赤木《あかぎ》があり、これには「南島進む所。其の数、得るに随《したが》う」との注記が見える。したがって、南島の赤木が、毎年大宰府を経て中央へ送られていたことがわかる。

南島（琉球弧）から進上される赤木とはどういう樹木であろうか。これを特定の樹木を指すのではなく、モッコクやシャリンバイのように芯の赤い木のことと解釈できないこともないが、わざわざ南島から取り寄せているということは日本本土には生育しない樹木であろう。したがってアカギの和名をもつトウダイグサ科の熱帯性の半落葉高木樹木に比定

図17　那覇市金城町の大アカギ

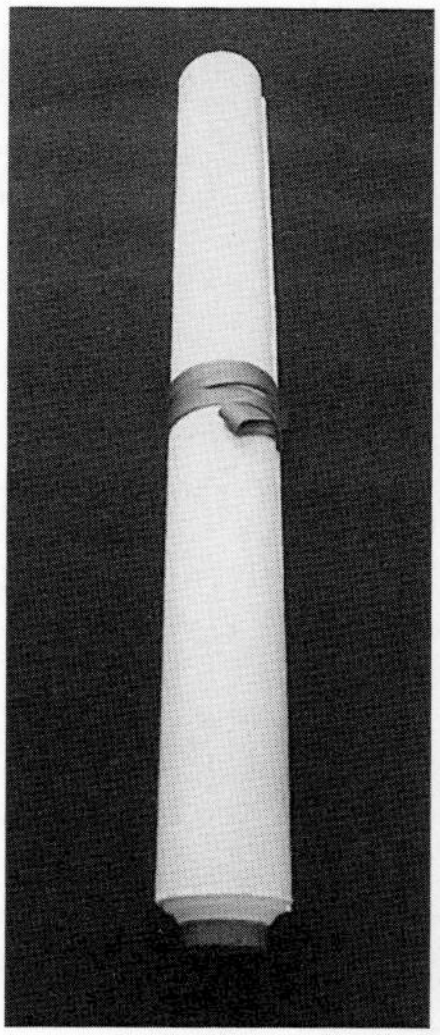

図18　軸　　物

するのが最も穏当である。

　さて大宰府から中央に送られた南島の赤木がその後どうなったのか。『延喜式』をさらに見てみると、内蔵《くら》寮の諸国供進条には、「大宰府進むる所」として挙げられた品数の中に「赤木廿村《にじゆうそん》（増減有り）」とある。二〇村とあるのは一応の数量を記したもので、その数は年によって増減があるとしているのは、民部式《みんぶしき》の「其数、得るに随う」とあることと対応する。また内匠寮《たくみ》の位記《いき》料条には、「内記《ないき》局請う所の位記料、赤木軸七枚、黄楊《つげ》軸廿枚、厚朴《こうぼく》軸百枚、毎年一二月充《あ》て行う」とあり、内匠寮では赤木、黄楊、厚朴などの材質の軸を製作し、それを要請に応じて毎年一二月に内記局へ届けていたことが知られる。内記（中務《なかつかさ》省に属する官職）の「位記を装束する式」によれば、神位記の三位以上は黄楊軸、親王の位記は赤木軸、臣下の三位以上は黄楊軸、五位以上は厚朴軸とあり、叙位の対象と位階により軸の材質が決まっていた。ちなみに位記とは、位階を授ける際に発行される公文書のことで、それが軸物になっていたわけである。

以上、『延喜式』の記事をもとに一連の流れを記すと次のようになる。南島（琉球弧）から切り出された赤木は大宰府に運ばれ、そこで他の品々と一緒に大宰府の年料別貢雑物としてまとめて中央へ貢進される。中央では民部省でいったん納入チェックを受けた後、赤木は内蔵寮の倉庫に保管される。そして必要に応じて内匠寮に移されて軸に加工された後、内記局に送られて親王の位記を装丁する軸に用いられた。

赤木の用途

正倉院に伝来する写経関係文書には、「赤木軸」の経巻《きょうかん》（お経を記した巻物）が見える。また「東大寺献物帳《とうだいじけんもつちょう》」には、頭と後尾の脚の部分に赤木を用いた「檜《ひのきの》倭琴《わごん》二張《はり》」が記されている。そのうちの一張と推定される「檜木倭琴」が正倉院に伝来するが、脚の材質については「唐木製」とも「イスノキに近い散孔材」ともいわれており、必ずしも同定されるに至っていない。ただ源《みなもとの》経頼《つねより》の日記『左経記《さけいき》』の長元七年（一〇三四）一〇月一〇日条には、「赤木倭琴」に関して「赤木、筑紫《つくし》に在り。前日献ずる所也」と見え、これを琉球弧から取り寄せたアカギが筑紫すなわち九州地方から献上されたことを述べたものと解すれば、琉球弧産のアカギが倭琴の部材として利用された可能性も考えられなくはない。

この他、刀剣のツカに赤木が用いられている。文献資料には「赤木柄」「赤木把」と見える。中尊寺にも「赤木柄螺鈿《らでん》横刀」と「赤木柄短刀」と名づけられた刀が伝来する。

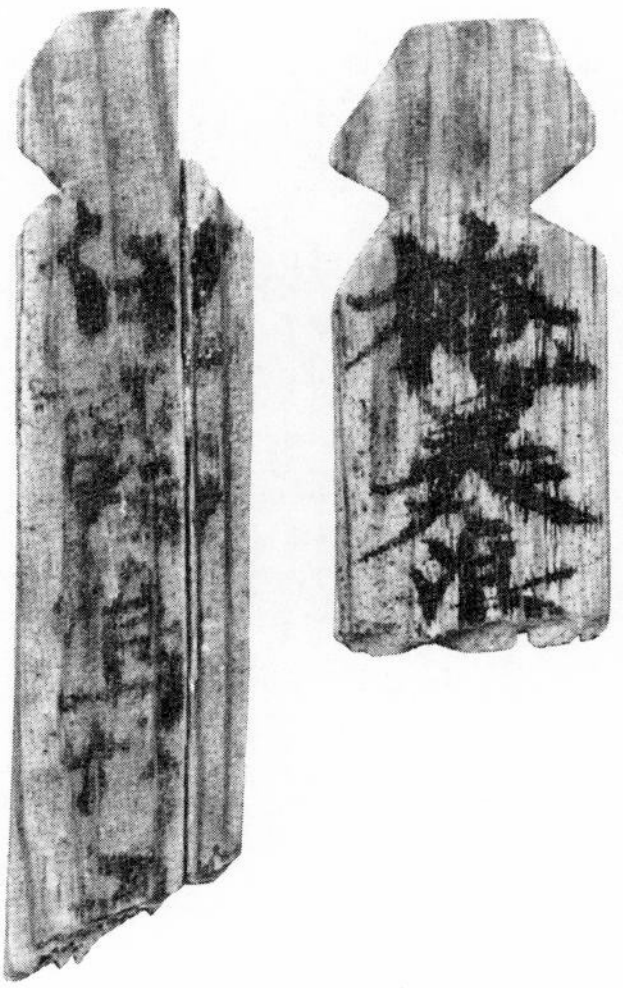

図19　大宰府木簡
（九州歴史資料館所蔵）

南島名木簡

ところで昭和五九年（一九八四）、福岡県太宰府《だざいふ》市《し》大字《おおあざ》観世音寺《かんぜおんじ》不丁《ふちょう》地区から、「㭺美嶋」「伊藍嶋」と読める島名が書かれた二点の木簡《もっかん》が出土した。『大宰府史跡出土木簡概報㈡』によれば、この木簡は奈良時代前半のものと推定されている。上の部分に切り込みがあることから何らかの物品にくくりつけられていたものである。「梅美嶋」は奄美大島《あまみおおしま》、「伊藍嶋」は沖永良部島《おきのえらぶじま》と見られているが、律令制も導入されず、官人も置かれていないこれらの島で、租税を輸送するための荷札として作製された可能性はない。おそらくこれらの島から大宰府が自らの貢納物として取り寄せ、大宰府で整理のために付けられた付札《つけふだ》であろうと考えられている。あるいは琉球弧から大宰府へ運ばれる際に、陸揚げされた九州のどこかの国郡で付けられた可能性も指摘されている（鈴木靖民「古代喜界島の社会と歴史的展開」『東アジアの古代文化』一三〇）。いずれにしても、この木簡の出土により、奈良時代に琉球弧の島から特定の産物が大宰府に運ばれていたことが確実となった。肝心の物品名が書かれていたと思われる部分が欠損しているが、今のところ最も可能性があるのは赤木であると考えている。

赤木の交易

九世紀以降、律令体制の弛緩に伴い大宰府の年料別貢雑物制も次第に衰退していき、もっぱら南島側の自主的な貢進に依存していたアカギは、大宰府の年料別貢雑物から脱落していったことも考えられる。しかし貢納とは別の形で琉球弧のアカギは中央に供給されていた。たとえば藤原実資《ふじわらのさねすけ》の日記『小右記《しょうゆうき》』の長元《ちょうげん》二年（一〇二九）八月二日条によれば、大隅国の住人の藤原良孝《ふじわらのよしたか》は藤原実資の元に、「檳榔《びろう》三百把」「夜久貝五十口《やくがい》」とともに「赤木二切」を贈っている。良孝はこれらの琉球弧産の物をおそらく商人を介して得たものと考えられる。前掲『左経記《さけいき》』に見える筑紫から献上された赤木も、おそらく商人による交易物であっただろう。

ところで慶政という僧侶が、寛元元年（一二四三）九月に肥前国松浦を出港し翌年六月に帰国するまでの出来事を、乗船した船頭や僧侶から聞き取りをしてまとめた『漂到流球国記《ひょうとうりゅうきゅうこくき》』という史料がある。それによると、渡宋船は途中漂流し流球国に漂着するが、彼らはそこを脱出する際、赤木を切り出して船に積み込んでいる。しかし島の物を船内に持ち込んだことによる神の凶《わざわい》を恐れて、結局、それを海中に投げ捨てるが、当時の貴族・僧侶たちが欲張って赤木を持ち帰ろうとしたところに、一三世紀になっても、なお都では赤木が貴重なものと考えられていたことが見て取れる。

ヤコウガイの古称

ヤコウガイはサザエの仲間に分類される大型巻貝である。ヤコウガイは古代の文献史料では夜久貝（『貞観儀式《じょうがんぎしき》』『兵範記《ひょうはんき》』『新猿楽記《しんさるがくき》』）・屋久貝（『枕草子《まくらのそうし》』）・やく貝（『うつほ物語』）と見え、ヤクガイと呼称されていたことがわかる。江戸時代の『本草綱目啓蒙《ほんぞうこうもくけいもう》』には「青螺ハヤクガヒ、薩州夜久島ノ産ナリ、故ニ名《なづ》ク」とあり、ヤクガイの名は産地である屋久島《やくしま》に由来すると説明している。一〇世

図20　ヤコウガイの貝殻と蓋

紀半ばの『和名類聚抄《わみょうるいじゅうしょう》』が引用する『弁色立成《べんしきりゅうじょう》』にも、錦貝の和名は夜久乃斑《まだら》貝で「西海に夜久島有り、彼の島出す所なり」とあり、ヤクガイを屋久島に結びつける考えは古代に遡ることがわかる。確かに屋久島はヤコウガイの分布の北限とされるが、ヤコウガイの主産地は屋久島以南であるから、こうした説明は必ずしも当たっていない。それは江戸時代の学者寺島良安《てらしまりょうあん》も指摘するところで、彼の著書『和漢三才図会《わかんさんさいずえ》』には、錦貝（ヤコウガイの異称）は琉球に多いが屋久島から採れることは聞かないとして、屋久貝という名称は、屋久島の人が近くの琉球から入手したこの貝を携えて大和に来たことに因むものではないかという独自の解釈を述べている。

しかしそれよりも、七世紀頃に屋久島を含む琉球弧をヤクと総称したことに由来すると考えた方がよい。すなわちヤクガイとは、本来はヤク地方で採れる貝という意味であったが、ヤクの語が屋久島に限定されるようになった後も慣例的に用いられたというわけである。逆にいえば、九世紀以降の史料に見えるヤクガイという用語は、ヤクが屋久島の限定される以前の古称ということになる。

ヤコウガイの用途

ヤコウガイは、その肉は食料となり、蓋《ふた》は堅固なため「敲打器《こうだき》」として使用された。しかしヤコウガイで最も利用価値の高いところは、その貝殻の部分である。

日本列島では奄美以南の海でしか採れないヤコウガイの貝殻が日本本土に運ばれ、使用された。

史料上の初見は、貞観《じょうがん》一四年（八七二）以降の「貞観年間（八五九～八七七）」に編集された『貞観儀式』で、践祚大嘗祭《せんそだいじょうさい》における内膳司《ないぜんし》の初日料として「夜《や》久《く》貝《がいの》蠡《にら》坏《つき》八口」すなわち蠡を盛る坏（容器）の用例が見える。

次いで『政事要略《せいじようりゃく》』に引用された「蔵人式《くろうどしき》」（八九〇年成立）には、賀茂《かも》臨時祭において「螺杯《らはい》」（「螺盃」）を用いるとある。賀茂・石清水《いわしみず》の両臨時祭には、「螺杯」（「螺盃」）を用いるのが常とされていたが（『江家次第《ごうけしだい》』『北山抄《ほくざんしょう》』『兵範記《ひょうはんき》』『春記《しゅんき》』『権記《ごんき》』『御堂関白記《みどうかんぱくき》』等）、少なくとも賀茂臨時祭については「蔵人式」に見えることから、九世紀末まで

図21　加茂臨時祭絵巻に見える「螺盃」

遡ることがわかる。「螺杯」はヤコウガイ製の「さかずき」である。石上英一は、『年中行事絵巻《ねんじゅうぎょうじえまき》』所収の「賀茂臨時祭」の絵や『雲図抄《うんずしょう》』（『群書類従《ぐんしょるいじゅう》』巻八十二）三月の石清水臨時祭「庭座儀」の差図に、「羅杯（螺杯）」が見えることを指摘している（石上英一「琉球の奄美諸島統治の諸段階」『歴史評論』六〇三）。そこでは丸い容器のような形、または平面円形に描かれている。この形からすれば、後述するスプーン状の貝匙よりも貝殻の口を上に向けた状態を描いたもののようにも見えるが、詳細は不明である。

儀式の中だけでなく、貴族の生活においてもヤコウガイの盃は利用されている。一〇〇一年頃の成立と見られる清少納言《せいしょうなごん》の随筆集『枕草子』一四二段に、「公卿《くぎょう》・殿上人《てんじょうびと》、かはりがはり盃とりては、はてには屋久貝といふ物して飲み立つ」とあり、ヤコウガイで酒を飲む光景が記されている。

なお一〇世紀後半の成立と見られる『うつほ物語』には、楼の白い部分に「やく貝を舂《つ》きまぜて塗りたれバ、きらきらトす」とあり、殻内部の真珠光沢をもつ層の破片を壁の装飾として用いることもあったようである。

しかしヤコウガイは何といっても器物に嵌《は》め込み飾りとする螺鈿《らでん》において最大限に生かされた。

日本の螺鈿

日本において螺鈿製品が登場するのは八世紀からで、それはすべて正倉院に伝わったものである。螺鈿の装飾が施された琵琶《びわ》や鏡など、多くは遣唐使により唐からもたらされたものであるが、中には楓蘇芳染螺鈿槽琵琶《かえですおうそめらでんそうのびわ》や檜倭琴《ひのきのわごん》のように日本製と見られるものもあるという。日本の工人は唐の螺鈿製品を手本に螺鈿技法を習得したが、早い段階で唐の螺鈿技法を咀嚼《そしゃく》し独自のすばらしい技法を身につけていたようである。一〇世紀に入ると黒漆地《くろうるしじ》螺鈿も行われるようになり、日本における螺鈿技法は隆盛へと向かう。そして一一世紀初頭には、蒔絵《まきえ》（漆で描いた模様の上に金銀粉を蒔いて模様を表す漆工芸の技法）と螺鈿を併用した和風の様式が確立する。こうした日本の螺鈿製品は海外でも喜ばれ、中国や高麗《こうらい》への贈物にも加えられている。たとえば永延二年（九八八）には、東大寺の僧奝然《ちょうねん》が弟子の嘉因《かいん》に託して宋の皇帝太宗へ贈った進物に螺鈿花形平函《ひらばこ》、螺鈿梳函《そかん》一対、螺鈿書案《しょあん》一、螺鈿書几《しょき》一、螺鈿鞍轡《あんひ》一副が見える（『宋史』日本伝）。また長和《ちょうわ》四年（一〇一五）には、再び宋に赴く僧念救《ねんきゅう》に託して、天台山大慈寺《てんだいさんだいじじ》の知《ち》識物《しきぶつ》（施し物）として藤原道長《ふじわらのみちなが》は「螺鈿蒔絵」の厨子《ずし》やその他を、また藤原実資は「大螺鈿鞍」をそれぞれ贈っている（『御堂関白記《みどうかんぱくき》』同年七月一五日条、『小右記』同年六月一九日条）。文宗二七年（一〇七三）に、日本国商人の王則貞・松永年らが高麗国へ献上した品々の中に「螺鈿鞍橋《くらぼね》」が見える（『高麗史』日本伝）。なお螺鈿鞍は黒漆螺鈿の典型とされるものである。

日本螺鈿製品の海外における評価は、北宋時代の人、方勺《ほうしゃく》（一〇六六～?）が著した『泊宅編《はくたくへん》』の「螺塡器《らてんき》はもとより倭国に出づ。物像百態にして、頗《すこぶ》る工巧を極《きわ》む」という記事によく示されている。すなわち、本場の中国人に、日本が螺鈿の発祥の地であると誤った知識を与える程に、日本の螺鈿技法は優れていたというわけである。

日本では、藤原頼通《ふじわらのよりみち》が京都の宇治に建立し、天喜《てんき》元年（一〇五三）に落慶供養《らっけいくよう》が営まれた平等院鳳凰堂《びょうどういんほうおうどう》の須弥壇《しゅみだん》（阿弥陀如来像を安置する壇）装飾に螺鈿は遺憾なく発揮された。さらに天治《てんじ》元年（一一二四）に、奥州藤原氏の初代清衡《きよひら》によって建立された中尊寺金色堂《ちゅうそんじこんじきどう》の仏殿の螺鈿装飾は、当時の技法の粋《すい》を集め、その荘厳さは他に例を見ないものであった。螺鈿貝は琉球弧産のヤコウガイを用いていることがわかっており、確認できる螺鈿総数は約二万七〇〇〇個に及ぶ（中里壽克『中尊寺の漆芸』至文堂、一九九二年）。中尊寺金色堂の螺鈿文様にはヤコウガイ一個体から一点しか得ることができないものもあるというから、おそらく万単位のヤコウガイが琉球弧から東北地方に運ばれたであろう。

一三世紀になると螺鈿技術はさらに高度に発達し、それまでの二ミリ程度の厚い貝から〇・五ミリ程度の薄い貝への転換を見せる。これによって螺鈿の主役はヤコウガイからアワビ貝へと移行するが（中里壽克「古代螺鈿の研究（上）（下）」『国華』一一九九・一二〇三号）、石上英一が指摘したように、大和の当麻《たいま》寺本堂の曼荼羅厨子《まんだらずし》台座における蒔絵螺鈿には寛元《かんげん》元年（一二四三）の製作完了を示す螺鈿文字が見られる（石上英一「琉球の奄美諸島統治の諸段階」『歴史評論』六〇三）。一三世紀になっても螺鈿材料としてのヤコウガイの需要が依然としてあったことを物語る。

日宋貿易品の螺頭

なお南宋の宝慶年間（一二二五〜一二二七）に撰述された『宝慶四明志《ほうけいしめいし》』によれば、日宋貿易《にっそうぼうえき》によって「螺頭《らとう》」が日本から中国へ輸出されている。かつてこの「螺頭」は螺殻すなわちヤコウガイ貝殻のことと解され、日宋貿易における日本からの輸出品として扱われてきた（森克己「日宋・日元貿易と貿易品」森克己著作集『続々日宋貿易の研究』国書刊行会、一九七五年）。しかし『至正四明続志《しせいしめいぞくし》』巻五

「市舶物資」の（粗色）に分類されたものの中に「螺頭」「螺殻」が並記されていることから両者は別物である。藤田明良は、包恢《ほうかい》の「禁銅銭申省状《きんどうせんしんしょうじょう》」（『敝帚藁略《へいそうこうりゃく》』巻一）に「燕《えん》飲《いん》の需に供す」とあり、螺頭は燕飲の場（宴会）で食する珍味であることを指摘している（藤田明良「中世『東アジア』の島嶼観と海域交流」『新しい歴史学のために』二二二）。南宋時代の『武林旧事《ぶりんきゅうじ》』に螺頭が「市食」の項目に記されていることもこれを裏づける。『宝慶四明志』によれば、高麗国の輸入品目にも螺頭が見えるが、『高麗史』巻七では耽羅《たんら》国から「螺肉」が献上されているので、宋へ送られた高麗国の輸出品は耽羅国の産物であったのかもしれない。したがって日宋貿易における螺頭は耽羅国からの転売の可能性もある。少なくとも琉球弧のヤコウガイ貝殻が日本を経由して中国へ渡った直接的な証拠は今のところない。

ヤコウガイの産地と貝殻出土遺跡

ヤコウガイを多量にしかも常時供給できる地域は、①奄美・沖縄地方、②フィリッピン群島、③アンダンマン・ニコバル地方（インド洋のベンガル湾南部）以外にはないと言われている。その中の奄美・沖縄地方では、海岸砂丘上に形成された遺跡から大量のヤコウガイの貝殻の集積遺構が見つかっており、こうした遺跡を高梨修は「ヤコウガイ大量出土遺跡」と呼んでいる。

奄美では、奄美大島の用見崎《ようみさき》遺跡、和野長浜金久《わのながはまかねく》第一遺跡、土盛《ともり》マツノト遺跡、小湊《こみなと》フワガネク（外金久）遺跡群、沖縄では、久米島《くめじま》の清水貝塚、大原第二貝塚、北原貝塚などがその代表的な遺跡である。

図22　土盛マツノト遺跡のヤコウガイ出土状況
（『マツノト遺跡』から転載）

図23　小湊フワガネク遺跡のヤコウガイ出土状況
（奄美博物館提供）

図24　兼久式土器
（『マツノト遺跡』表紙から転載）

奄美の場合、これらの遺跡では在地の兼久式土器《かねくしきどき》が出土することから、兼久式土器の編年研究によって遺跡の年代が絞り込まれている。高梨修の編年によれば、七世紀〜一一世紀頃に位置づけられるというが、中山清美と木下尚子による編年では、最古を六世紀まで遡らせて理解する。ここでは高梨が提示した奄美大島の「ヤコウガイ大量出土遺跡」の推定時期を掲げる。

①土盛マツノト遺跡（下層）↓七世紀前半
②小湊フワガネク（外金久）遺跡群↓七世紀前半
③用見崎遺跡↓七世紀後半

④和野長浜金久第一遺跡↓九世紀後半～一〇世紀前半
⑤土盛マツノト遺跡（上層）↓九世紀後半～一〇世紀前半
⑥万屋《まんや》泉川遺跡↓一〇世紀後半～一一世紀前半

一方、沖縄の場合は、奄美の兼久式土器編年のような土器編年の細分化は進んでおらず、弥生時代から平安時代までを「沖縄貝塚時代後期」と呼び、弥生時代相当期を「前半」、古墳時代～平安時代相当期を「後半」としている。ヤコウガイを五〇個以上出土する沖縄の遺跡について、木下尚子は次のように時期区分している（木下尚子「開元通宝と夜光貝」『琉球・東アジアの人と文化（上巻）』高宮廣衞先生古稀記念論集刊行会、二〇〇〇年）。

①清水貝塚Ⅱ層↓貝塚時代後期前半
②清水貝塚Ⅲ～Ⅳ層↓貝塚時代後期後半
③北原貝塚Ⅰ層↓貝塚時代後期後半
④大原第二貝塚B地点↓貝塚時代後期前半

ヤコウガイ交易

こうした「ヤコウガイ大量出土遺跡」は、ヤコウガイの中身を食べた後に殻を棄てた跡と見られていたが、日本の史料にヤコウガイを用いた記事が散見することから、これは対外的な交易を目的として、捕獲したヤコウガイの貝殻を一箇所に寄せ集めて置いたものではないかということで注目されている。

しかし奄美大島の「ヤコウガイ大量出土遺跡」の帰属年代と日本における消費時期とは必ずしも合致しない。前述のように、日本の史料では九世紀以後にヤコウガイの使用が認められる。正倉院には八世紀に日本産の螺鈿製品が伝来するが、螺鈿技術が進み、すぐれた螺鈿製品を生み出し、中国や高麗国への贈物にも充てられるようになるのは一〇世紀以後で、一一世紀から一二世紀には国内の平等院や中尊寺の仏殿装飾に大量のヤコウガイが用いられている。したがって、日本への交易を目的に営まれたことが想定されるのは、④和野長浜金久第一遺跡と⑤土盛マツノト遺跡（上層）、それに⑥万屋泉川遺跡に限られ、八世紀代に推定できる遺跡はなく、①土盛マツノト遺跡（下層）②小湊フワガネク（外金久）遺跡群③用見崎遺跡は、それよりもさらに古く七世紀代である。

もっとも貝殻集積遺構は、交易用として用意した貝殻が、結局搬出されないまま残された状態を表しており、その意味では現在確認されている「ヤコウガイ大量出土遺跡」は、ヤコウガイ消費の盛期や中心ではない（高梨修「ヤコウガイ交易」『日琉交易の黎明』森話社、二〇〇八年）。おそらく未発見の遺跡から大量にヤコウガイが搬出されたと考えるべきであろう。

貝匙の交易

「ヤコウガイ大量出土遺跡」では、貝殻集積の周辺部分に貝殻の破片も出土するが、その中には貝匙《かいさじ》と称されるスプーン状の製品の破片も多く見られる。

特に小湊フワガネク遺跡群では、ヤコウガイの貝匙の製作途上のもの、また製作中に破損したと思われる破片も見つかっており、同遺跡群が貝匙製作に関係した作業跡を中心に営まれていたのではないかと見られている（名瀬市文化財叢書七『奄美大島名瀬市小湊フワガネク遺跡群Ⅰ』名瀬市教育委員会、二〇〇五年）。なお小湊フワガネク遺跡群からは貝匙の完形品はわずか二点しか出土していないという。このように貝匙の完形品が少ないのは、貝匙完形品が奄美大島以外の島嶼《とうしょ》に運び出された事実を示すものと解釈されている（高梨修『ヤコウガイの考古学』同成社、二〇〇五年）。このことから高梨は、これらの遺跡が螺鈿原材の供給のためではなく、交易品としての貝匙

図25　貝　匙（奄美博物館所蔵）

の製作を中心に営まれたものと考える。

時代は下るが、乾隆二一（一七五六）に琉球国の尚穆王《しょうぼく》の冊封副使《さくほうふくし》として来島した周煌《しゅうこう》が帰国後に著した『琉球国志略』には、「緑螺」について「大きさは盆くらいで、酒杯・杓匙《しゃくし》を作り、螺鈿の器物を飾るのに用いる。常に貢物に充てられている」と記している。緑螺とは貝の表面の色に因んでつけられた名称で、ヤコウガイのことである。これによれば、ヤコウガイは琉球から中国に送られる朝貢物の一つで、酒を飲む杯、杓匙、螺鈿に用いるとある。酒杯と螺鈿についてはこれまで見てきた通りである。しかし杓匙の用例は日本古代の文献史料には見えないが、おそらく貝匙と称されるスプーン状の製品がこれに当たるのだろう。

貝匙は、新羅の王陵である金冠塚・天馬塚・皇南大塚北墳（現在の韓国慶尚《けいしょう》北道慶州市内および近郊）や、大伽耶《おおかや》の王都であった高霊《こうれい》（慶尚北道南部）の南側尾根筋に築かれた王陵の池山洞《ちさんどう》古墳群のうち四四号墳から出土しているが（神谷正弘「新羅王陵・大伽耶王陵出土の夜光貝杓子（貝匙）『古文化談叢』六六）、今のところ日本列島内では見つかっていない。

高梨は、九世紀以後も用いられているヤクガイ（夜久貝・夜句貝・益救貝・屋久貝）という呼称こそは、七世紀当時、琉球弧のヤコウガイが大和に運び込まれていた証左であると述べるが（高梨修「列島南縁における境界領域の様相」『古代末期日本の境界』森話社、二〇一〇年）、日本列島内において貝匙が出土していない現状では確かに推測の域を出ない。

しかし来朝した琉球弧の人々が持参した「方物」にヤコウガイ製の貝匙が含まれていた可能性はあるのではないか。文武《もんむ》三年（六九九）には伊勢神宮や諸神社に奉納されているが、貝匙は威信材《いしんざい》として重宝されたであろう。

ヤコウガイの対中国交易と問題点

これに対して木下尚子は、琉球列島から出土する唐の貨幣・開元通宝《かいげんつうほう》がヤコウガイ交易によってもたらされたもので（木下尚子「開元通宝と夜光貝」『琉球・東アジアの人と文化（上巻）』）、唐代螺鈿で用いられたヤコウガイが琉球弧から運ばれたものであったと解する（木下尚子「ヤコウガイ交易の可能性」『先史琉球の生業と交易』2、二〇〇二年）。したがって小湊フワガネク遺跡群以外の七世紀～八世紀に帰属するヤコウガイ大量出土遺跡（①土盛マツノト遺跡〈下層〉、③用見崎遺跡、および用安良川《あらご》遺跡）は唐螺鈿の素材供給のために営まれたという想定するのである。

木下説を受けた安里進はヤコウガイ交易について、奄美北部に集中するヤコウガイ大量出土遺跡は対日本を想定したもので、久米島の「大原ヤコウガイ加工場遺跡」は対中国を想定した交易であったとし、当時、ヤコウガイ交易の窓口として、〈奄美大島北部―大和〉と〈久米島―隋・唐〉の二つの口が存在したという仮説を提示している（安里進「ヤコウガイ交易二つの口と一つの口」『古代末期日本の境界』）。

木下説は、史資料によって裏づけられるヤコウガイ消費の時期と遺跡の帰属年代との整合性を考えると説得性に富む見解である。しかしヤコウガイと開元通宝が同時に出土する遺跡が、今のところ奄美大島の用見崎遺跡と久米島の北原・大原貝塚以外にないこと、また「ヤコウガイ大量出土遺跡」からは九州地方から搬入された土師器《はじき》・須恵器《すえき》等が出土し、中国との交流を示す遺物は見られないこと、特に小湊フワガネク遺跡群では鉄が出土していることなどを考えると、開元通宝との関係のみで唐螺鈿の素材を琉球弧のヤコウガイと判断するにはなお慎重を要する。その点は安里説も同様で、安里が仮称する、久米島の「大原ヤコウガイ加工場遺跡」が沖縄諸島のヤコウガイ交易に関わるセンターであったとし、開元通宝をヤコウガイの対価とした場合、開元通宝が久米島以外の沖縄本島各地から出土することが十分説明できない。

ちなみに、史料上、沖縄諸島から中国へヤコウガイが搬出されたことが知られるのは一四世紀後半以降である。すなわち、明《みん》を建国した太祖は使を派遣し琉球を招諭したが、琉球国の正史『中山世鑑《ちゅうざんせいかん》』には、洪武《こうぶ》五年（一三七二）に中山王察度《さつと》・山南王承察度《しょうさつと》・山北王帕尼芝《はにじ》が明に入貢したとあり、その時の貢物の中に「螺殻《らかく》」が見える。「螺殻」はヤコウガイ貝殻と解して差し支えないであろう。以来、清朝の康熙《こうき》三〇年（一六九一）に「免進」となるまで謝恩・慶賀の際の重要な貢進物の一つになっている。『歴代宝案』によれば、康熙元年（一四二五）には八五三三個、宣徳《せんとく》六年（一四三一）には一二二〇〇個、宣徳九年（一四三四）には八五〇〇個、万暦《ばんれき》二四年（一五九六）は三〇〇〇個、それ以降はだいたい三〇〇〇個に固定されていく。それにしてもかなりの数の螺殻が、おそらく未加工のまま、貢物として琉球から中国に送られていたことがわかる。

しかし八世紀の段階から沖縄諸島産のヤコウガイが唐に運ばれていたかどうかは明証がない。唐螺鈿素材としては、沖縄諸島でなくても台湾やフィリッピンからヤコウガイを入手したことも考えられるのではないか。あるいは台湾に近い与那国島でもトゥグル浜遺跡から大量のヤコウガイ貝殻の蓋《ふた》が出土しているが（沖縄県文化財調査報告集六六集『与那国トゥグル浜遺跡』沖縄県教育委員会、一九八五年）、蓋だけ残ったということは殻の部分は島外に持ち出された可能性があり、それが唐螺鈿の素材として消費されたことも想定できよう。

檳榔

檳榔（ビンロウ）と書いてビロウと読む。古名はアジマサ、中国名は蒲葵《ほき》、沖縄の方言ではクバという。柳田国男《やなぎだくにお》は文献史料や地名をもとに檳榔の北限は紀伊《きい》国で、四国の土佐国、九州の肥前・肥後、対馬、大隅、薩摩などに分布することを指摘しているが（『海南小記』）、もちろん九州以南のトカラ列島・奄美・沖縄諸島にも群生している。

檳榔は赤木や夜久貝（ヤコウガイ）に比べて、貢進を裏づける明確な史料がなく、土中で腐ってしまうため考古遺物も存在しない、また分布が必ずしも琉球弧に限らない、などの点で弱いが、琉球弧の交易物の一つであった可能性は高い。

檳榔が大和に運ばれたことが知られる最古の事例は藤原宮跡から出土した木簡で、それには「檳榔」の二文字が読める。しかし詳細は不明である。

平城宮内では檳榔で作製された「檳榔扇《びろうのおうぎ》」が用いられていた。『続日本紀《しょくにほんぎ》』宝亀《ほうき》八年（七七七）五月二三日条によれば、渤海《ぼっかい》の使が帰国の際に王へのみやげにと「檳榔扇」を所望したため、律令政府は賜物に追可して「檳榔扇十枝」を贈ったことが記されている。渤海使は滞在中に宮中で見た「檳榔扇」がよほど珍しかったのであろう。『大和本草《やまとほんぞう》』に

図26　檳　　榔（クバ）

図27　沖縄のクバ扇

ビロウ（蒲葵）を説明して「中華ヨリ来ル蒲葵扇ハ此《この》葉ナリト云」とあり、これが中国からもたらされたものである可能性を示唆しているが、渤海王へのみやげに日本からわざわざ中国の扇を持ち帰るというのは考え難く、また一〇枝を贈ってもまだ余分があるところを見ると、日本自前の品と見てよいであろう。

『延喜式』によれば、内膳司では、天皇の御飯を扇《あお》ぎ冷ましたり、さまざまな膳料理を作る時に竈の火を扇ぐための送風の具として檳榔の葉が用いられた。また斎宮《さいぐう》の年料供物条には、檳榔二枚が「戸座《へざ》所料」として挙げられており、戸座と呼ばれた竈神《かまどがみ》に奉仕するために地方から貢進される童男が竈の傍らに侍し、檳榔の葉で風を送る役割を担っていたことも推測される。

践祚大嘗祭《せんそだいじょうさい》において、天皇の禊《みそぎ》のために川原に建てられる仮屋を百子帳《ひやくしちょう》と称するが、『代始和抄《だいはじめわしょう》』御禊行幸事《おんみそぎぎょうこうのこと》には「百子帳といふは檳榔をもて頂をおほひて云々」とあり、『兵範記』にも「檳榔で葺《ふ》く」とあり、百子帳の屋根は檳榔で葺くことになっていた。

檳榔が大量に使用されたのは牛車の車箱の飾りにおいてである。車箱の表面を檳榔の葉で飾った牛車は「檳榔毛車《びろうげのくるま》」と呼ばれ、天皇・太上天皇および四位以上の者しか乗ることができない特別な車であった。

この他、大宰府の「交易雑物」として貢進された「檳榔馬簑《びろううまみの》」と「檳榔螻簑《びろうけらみの》」の場合は、内蔵寮に納められた後、三年に一度、馬蓑は斎院司《さいいんし》の駕馬女《かまめ》料に、螻簑は斎院司の輿長《よちょう》以下の料に充てられ、馬簑はまた監物《けんもつ》の官人料にも充てられた。駕馬女と輿長等は賀茂大神に奉仕する未婚の内親王（斎王）の禊の儀に従事する人々で、監物は宮中に保管されている諸司のカギの請け出し、返納のため、毎朝夕、天皇に奏上《そうじょう》することを職掌としていた。

図28　檳榔毛の車
（「平治物語絵巻　信西巻」部分　静嘉堂文庫美術館所蔵）

以上のように、檳榔の用途については天皇との関わりが少なからず認められる。そうでない場合でも、きわめて限られた者しか手にすることができない貴重品であった。

伊予《いよ》国の年料別貢雑物の中に「檳榔二百枚」が見え、伊予国から檳榔の葉が貢進されたことがわかるが、中央での需要がこれだけで充《み》たされていたとは思えない。現に『小右記』長和三年（一〇一四）一二月二五日条によれば、檳榔がはなはだ得難い状況にあるので唐車を用いてはどうかと諸卿たちが言っていることについて、藤原道長から意見を求められた実資は、檳榔毛車は毎年作り替えるものではないことを理由に諸卿の意見に否定的な考えを述べている。このように、一一世紀初めには都で檳榔の入手が困難になる程、西日本産地の檳榔は次第に枯渇していったのだろう。そうなると檳榔の豊富な琉球弧からの調達もありえたのではないか。それを示唆するのは、『小右記』長元二年（一〇二九）八月二日条に、藤原良孝が藤原実資に「赤木二切・檳榔三百把・夜久貝五十口」を贈った記事である。赤木・檳榔・夜久貝はきわめて象徴的な三品目で、すべて琉球弧産であった可能性はきわめて高いと思われるのである。一一世紀初頭には大宰府官人や大隅国司・肥前国司も藤原実資に檳榔を贈っているが、これらも商人を介して入手した琉球弧産のものであっただろう。

檳榔子

檳榔の葉ないしは簑とは別に檳榔子《びろうし》なるものが大宰府から貢進された。すなわち『延喜式』典薬寮《てんやくりょう》の雑給料条によれば、大宰府から貢調使《こうちょうし》に付して典薬寮に送られる「年料雑薬」の中に「檳榔子」二〇斤が含まれている。そのうちの四両は薬の調合に充てられた。檳榔子はまた正倉院文書にも見える。「曝涼香薬事」を申上した延暦《えんりゃく》一二年（七九三）六月一一日付の東大寺使解によれば、第二櫃の中に檳榔子二九八枚が存在した。「双倉北雑物出用帳」には天平宝字《てんぴょうほうじ》五年（七六一）三月二九日に越前介外従五位下高丘連枚麿《たかおかのむらじひらまろ》の宣旨により、檳榔子二五枚を諸病者へ施しており、天応《てんおう》元年（七八二）八月一八日に左大臣藤原朝臣魚名《うおな》の宣によって造東大寺司《ぞうとうだいじし》に充てた雑薬七種の中にも檳榔子五〇枚が見える。

この薬用に供される檳榔子は、一般にビンロウジュの種子とみなされている。ビンロウジュはインドまたはマレーシア原産である。『延喜式』典薬寮によればこれが大宰府の年料雑薬となっていることなどから、『明治前日本薬物学史』第二巻（日本学術振興会、一九五八年）は唐船に舶載したものを貢進したものであろうと推測している。『新猿楽記』によれば、八郎真人の交易物に見える檳榔子は唐物に含まれており、この説を裏づけているようにも思われる。

しかし柳田国男は、ビンロウジュの種子は中世以後に中国からわが国にもたらされたもので、『延喜式』に見える檳榔子はクバの種子のことであろうとしている。

平安末期の医学書『長生療養方 二』（『続群書類従』巻第八九八）には、「檳榔」として、「味は辛温で無毒。主に穀を消し、水を逐《お》い、痰癖を除き、寸白《すばく》を療《のぞ》き、一切の風を除き、一切の気を下ろす。和名阿知末佐《あちまさ》」と説明されているのは檳榔子のことであろう。これにより古代において阿知末佐すなわちクバの種子も薬用とされたことがわかる。

前述のように、鑑真《がんじん》を載せた遣唐使船が「阿児奈波島」に滞在中、石窟の中で魑魅《ちみ》に逢い失心した唐僧義静《ぎじょう》に対して、思託《したく》が檳榔を与えているが、これは檳榔の種子が薬であることを知った上での行為であろう。

いずれにしても檳榔子がビンロウジュではなくビロウすなわちクバの種子であるとすれば、おそらく大宰府は「年料雑薬」として檳榔子を調達するために、管内諸国および琉球弧から入手したことも考えられる。

タイマイ

タイマイは海ガメの一種で（図29）、熱帯海域に生息する。産卵場はカリブ海、ミクロネシア、ポリネシア、インド洋などのサンゴ礁の発達した島嶼《とうしょ》に広く分布する。日本では琉球弧に限られる。特に八重山《やえやま》諸島の黒島《くろしま》ではほぼ毎年、数回の産卵が継続して確認されているようであるが、沖縄本島北部の大宜味《おおぎみ》村や国頭《くにがみ》村の海岸での産卵も確認されている。

タイマイの肉は食用にたえないが、その背甲《せこう》の美しい光沢を持った鱗板《りんばん》は、加工しやすいこともあって工芸品の材料として利用された。一般に鼈甲《べっこう》細工とも呼ばれる。

これまで日本で確認された最古の事例は、一九九〇年に、奈良県桜井市の六〜七世紀頃と推定される上之宮《うえのみや》遺跡《いせき》から出土した「ベッコウ片」である。この遺跡では、主殿や脇殿と見られる遺構や庭園および祭祀遺構、そしてそれらを取り囲む形で柵列や門状の遺構が確認されることから、貴族の邸宅跡と推定されている。この他、七世紀後半と見られる明日香村の平吉《へきち》遺跡や八世紀の平城京左京二条三坊一六坪からも「ベッコウ片」が出土しているという（『上之宮遺跡第五次調査報告概要』桜井市文化財協会、一九九〇年）。これらの「ベッコウ片」がどのようにしてこの遺跡にもたらされたのか不明という他はないが、南島人が来朝の際に献上した「方物」の中にタイマイの背甲が含まれていた可能性も推測できよう。

正倉院宝物には八世紀のタイマイ製品が伝来しており、次の三つに分類されるという。

第一分類　タイマイの素材のみによって製作されているもの
↓玳瑁竹形如意《たいまいたけがたのにょい》・玳瑁如意《たいまいにょい》・玳瑁杖《たいまいのつえ》

第二分類　装飾の一部として玳瑁を加工・使用しているもの
↓螺鈿紫檀琵琶《らでんしたんのびわ》・螺鈿紫檀五絃琵琶《らでんしたんのごげんびわ》・螺鈿紫檀阮咸《らでんしたんのげんかん》・玳瑁螺鈿八角箱《たいまいらでんはっかくのはこ》・檜和琴《ひのきのわごん》・楓蘇芳染螺鈿槽琵琶《かえですおうぞめらでんそうのびわ》・桑木阮咸《くわのきのげんかん》・その他（各種残材）

第三分類　タイマイ以外の海ガメ類甲鱗板、その他の動物素材を装飾の一部に加工・使

図29　タイマイ

図30　玳瑁杖

用しているもの

これらの工芸品は、①中国で製作された製品が持ち込まれたか、②中国または朝鮮の工人が渡来し日本で製作したか、③中国や朝鮮の工人から指導を受け工芸技術を修得した日本人が製作したか、のいずれかであろうという（越中哲也・菊地藤一郎・永沼武二「正倉院の玳瑁宝物の工芸技法について」『正倉院年報』一三）。すべてのタイマイ製品を三者に区別するのは困難であるが、少なくとも「檜《ひのきの》倭琴《わごん》」は明らかに③に属する。その場合問題となるのは、素材のタイマイをどこから入手したかということである。普通は中国大陸の南方海域で採取されたものが中国経由でもたらされたと推測されているが、琉球弧で捕獲したタイマイが貢進された可能性もなかったとは言えない。

時代は下るが、『日本後紀』延暦一八年（七九九）正月二五日条によれば、それまで三《さん》位《み》以上の者に限って聴《ゆる》されていた「玳瑁帯《たいまいおび》」の使用を五位まで認める旨の勅（天皇の命令）が出されている。「玳瑁帯」はタイマイの甲鱗板で飾りを施した腰帯である。七〇一年に制定された大宝令の規定には見えないが、延暦一八年以前に三位以上の貴族の装身具として用いられるようになっていたのだろう。『延喜式』弾正台には、三位以上および四位は白玉腰帯、五位以上は玳瑁の他に瑪瑙《めのう》・斑犀《はんざい》・象牙《ぞうげ》・沙魚皮《さめ》・紫檀《したん》の帯を通用することが定められている。玳瑁帯の使用制限を三位から五位に拡げた背景には、琉球弧から原料となるタイマイの搬入量が増加し、国内で製作された玳瑁帯を比較的多くの官人が手に入れやすくなったからではなかったか。

なお『日本三代実録』元慶《がんぎょう》元年（八七七）六月二五日条によれば、出雲《いずも》国に来着した渤海使節が、天皇へ玳瑁酒盃《たいまいのさかずき》の献上を申し出て入京を願っている。しかし律令政府はこれを受け付けなかったが、玳瑁酒盃を見た通訳の春日朝臣宅成《かすがあそんたくなり》は、「昔、中国へ渡った時いろいろな珍宝を見たが、このような奇怪なものはなかった」と言ったという。この玳瑁酒盃が渤海で作られたものか、中国で作られ渤海にもたらされたものかは不明だが、タイマイで作られた盃のあったことが知られる。『太平御覧《たいへいぎょらん》』に引用された「唐書」にも見えるが（東野治之「日唐間における渤海の中継貿易」『遣唐使と正倉院』岩波書店、一九九二年）、日本での用例はない。

羅木

日宋貿易における日本からの主要な輸出品として、硫黄《いおう》・刀剣・砂金《さきん》・水銀・真珠・金（砂金）に加えて木材が挙げられる。宋代には、大都市への人口集中に伴い建築用材が不足したこと、またもともと死後を重んじ、遺骸を収める棺をより立派なものにするために金を惜しまない中国人の消費動向が日本の良質の木材の輸入につながったと見られている。なお日本産木材の輸入が始まったのは、日本における宋銭の流通再開とほぼ同時期で、硫黄と同様に木材も船の喫水線《きつすいせん》（船体が水中に入る分界線）をさげて船を安定航行させるための底荷《そこに》（バラスト）としての役割も果たした。

日本産木材の用例を史料で見てみると、南宋時代の歴史家李心伝《りしんでん》が撰した『建炎以来《けんえんいらい》朝野雑記《ちょうやざっき》』に、孝宗の淳熙年中（一一七四―八九）、禁中《きんちゅう》（皇帝の常住する空間）に「日本国の松木」で翠寒堂《すいかんどう》を建てたとあり、また南宋末期から元代初期に周密が表した『武林旧《ぶりんきゅう》事《じ》』には、翠寒堂について高宗の時に「日本の羅木」で建てたことが注記されている。記述内容に若干の異同があるが、日本から輸入した木材で禁中に一堂が建てられていたことが知られる。時代は下るが、清の倪璠《げいばん》撰の『神州古史考《しんしゅうこしこう》』には、欏木営・欏木橋の名称の由来について、日本国が欏木（羅木）を献じた前史を持ち出して説明していることから、橋の造営などにも日本産の欏木が用いられていたようである。

一方棺材については、乾道四年（一一六八）の序を持つ陸游《りくゆう》の『放翁家訓《ほうおうかくん》』によれば、四明（今の寧波《にんぽう》）・臨安（杭州）に日本の船が到着すると、三〇千（貫）もの高価で一つの佳《よ》き棺を買う者がいたという。包恢《ほうかい》の『敝帚稿略《へいそうこうりやく》』巻一「禁銅銭申省状」によれば、板木、羅頭、硫黄を船載して明州をはじめ温州、台州に寄港し、帰途に銅銭を密輸する倭船の存在が問題となっているが、ここでも「板木」と棺材の関係が述べられている。なお明州城内には棺材を加工する「棺材巷」（『開慶四明続志』巻七）があったようである（斯波義信『宋代江南経済史の研究』汲古書院、一九八八年）。

ところで南宋の宝慶《ほうけい》三年（一二二七）に書かれた明州の地方志『宝慶四明志』巻六には、輸入品として「松板・杉板・羅板」が見える。その後の開慶《かいけい》元年（一二五九）の『開慶四明続志』では「倭板」「板木」とあり、木の種類には触れていないが、日本から中国へ輸出された材木は松・杉・羅の三種であった。松と杉についてはいうまでもないが、問題は羅木である。

宋の趙汝适《ちょうじょかつ》の『諸蕃志《しょばんし》』巻下「倭国」の箇所には「杉木や羅木が多く生えており、長さ一四・五丈、直径は四尺余りになる。土地の人は木をさき枋板にして、大きな艦でもってわが泉州に運搬し貿易する」（藤善真澄訳注『諸蕃志』関西大学出版部、一九九一年）と記されている。南宋の周密《しゅうみつ》の撰なる『癸辛雑識《きしんざつしき》』続集下「倭人居処」には、倭人の居所は倭国に産する新羅松で作られているとあり、この新羅松は今の「羅木」であると説明されている。これらの中国史料の記事内容は信憑性に乏しく、羅木の樹木同定は困難である。

羅木を檜《ひのき》に同定したのは新井白石で（『東雅』巻之十六「樹竹第十六」）、森克己・斯波義信もこれを踏襲している（森克己『続々日宋貿易の研究』国書刊行会、一九七五年、斯波義信『宋代商業史研究』風間書房、一九六八年）。藤田豊八は羅木（欏木）を沙羅 sala（shorea robusta）の略とし、当初はこれが琉球に産することに言及していたが（藤田豊八「宋元時代海港としての杭州附上海膠州」『史学雑誌』二七ノ九）、その後の「宋代輸入の日本貨につきて」の論文（『東西交渉史の研究』南海篇、岡書院、一九三二年、国書刊行会再刊、一九七四年）では、やはり檜説に従っている。

しかし羅木が琉球に産するイヌマキ Podocarpus macrophyllus の可能性はないであろうか。イヌマキは方言ではチャーギとかキャーンギと呼ぶ。ちなみに冊封副使として琉球へ渡った徐葆光《じょほうこう》が帰国後に著した『中山伝信録《ちゅうざんでんしんろく》』には、「樫木」と見え、一名、羅漢杉ともいうとある。堅くて、きめが細かく、何年たっても虫がつかないので、琉球では家の梁や柱に用いられる高級材木であることが記されている。特に奄美大島や奇界（喜界島《きかいしま》）産が良質であるというから、奄美諸島から産出されたイヌマキが日宋貿易の輸出品として中国へ運ばれたとしても不思議ではない。

図31　琉球のイヌマキ

琉球弧出土の開元通宝

琉球弧の開元通宝出土状況

開元通宝は、唐の高祖李淵《りえん》の武徳《ぶとく》四年（六二一）に初めて鋳造されてから唐末および五代十国時代まで約三〇〇年にわたって鋳造され流通した銅銭である。この唐代の貨幣が琉球弧の古代並行期の遺跡から出土する。今のところ大隅諸島《おおすみしょとう》・トカラ列島・宮古諸島では見つかっていないが、次のように、奄美諸島・沖縄諸島・八重山諸島の遺跡から、表面採集も含め九〇余枚もの開元通宝の出土例が報告されている（表1・図32）。

開元通宝は琉球弧以外からも出土している。木下尚子は西日本の七世紀から一一世紀末の一三遺跡から一七枚、台湾の二遺跡、韓国の一遺跡からも出土していることを挙げ、琉

表1　琉球弧出土開元通宝一覧

諸島名	所在地	遺跡名	出土枚数	備　考
奄美諸島	奄美市	用《よう》見《み》崎《さき》遺跡	1	
	伊仙町	面《おも》縄《なわ》第一貝塚	4	
沖縄諸島	本部町	兼《かね》久《く》原《ばる》貝塚	1	
	読谷村	連《れん》道《どう》原《ばる》貝塚	10	判読不明銅銭4
	嘉手納町	野《の》国《ぐに》貝塚	6	
	宜野湾市	新《あら》城《ぐすく》下《した》原《ばる》第二遺跡	2	
		真《ま》志《し》喜《き》大《うつ》川《かー》原《ばる》第一遺跡	3	
	うるま市	平《へ》敷《しき》屋《や》トウバル貝塚	8	判読不明銅銭2
	北谷町	北《ちゃ》谷《たん》グスク第七遺跡	1	
	久米島町	北《きた》原《はら》貝塚	13	
		大《おお》原《はら》第二貝塚	2	
		謝《じゃ》名《な》堂《どう》貝塚	1	
		仲里中学校グラウンド	1	
八重山諸島	石垣市	崎《さき》枝《えだ》赤《あか》崎《さき》貝塚	33	
		白《しら》保《ほ》集落の砂山	1	表面採集
		嘉《か》良《ら》嶽《だき》貝塚	1	表面採集
		磯《い》辺《そべ》貝塚	1	表面採集
	竹富町	仲間第一貝塚	1	表面採集

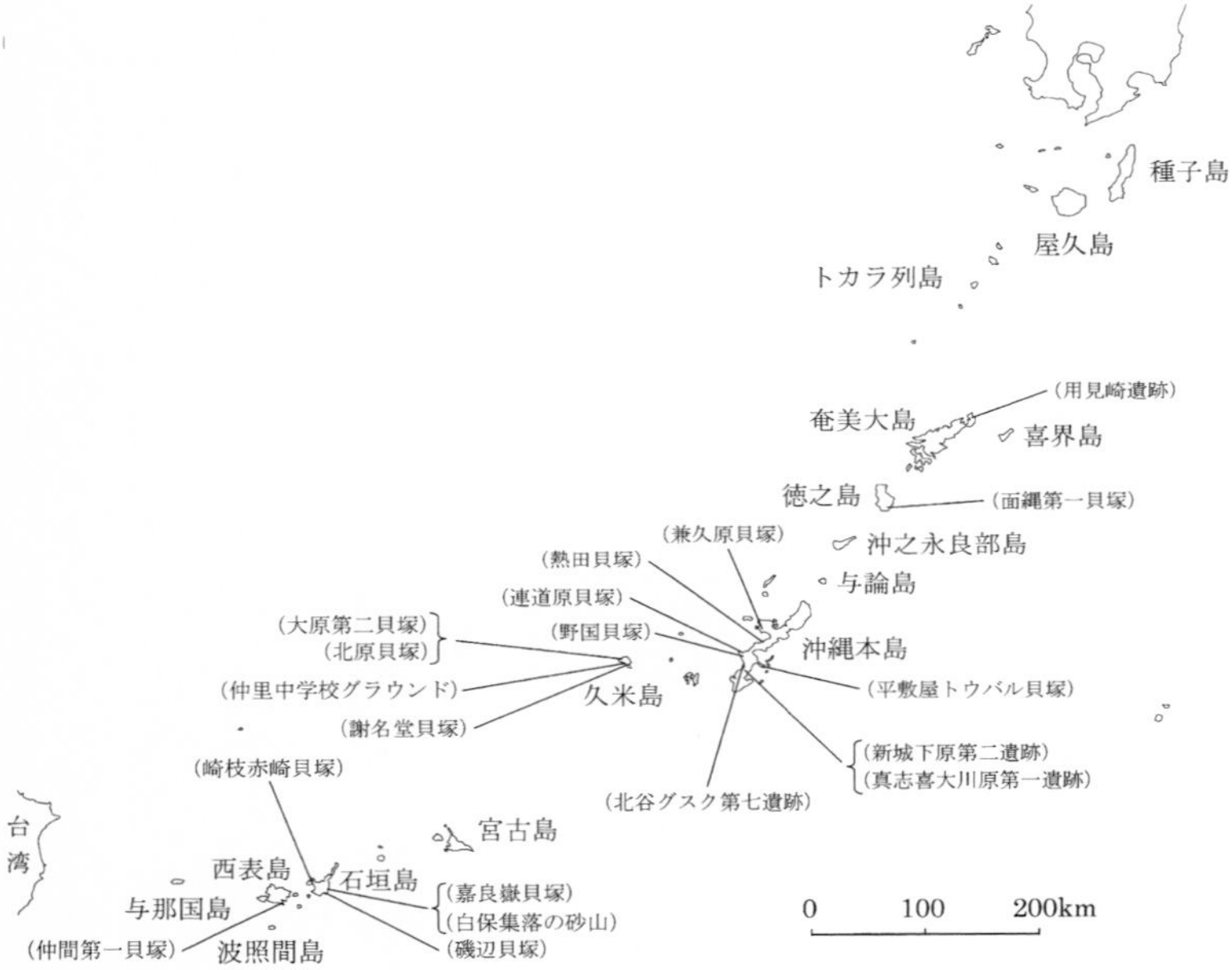

図32　琉球弧における開元通宝出土分布図

球弧と西日本の出土状況の違いについて次のように指摘している（木下尚子「開元通宝と夜光貝」『琉球東アジアの人と文化（上巻）』高宮廣衞先生古稀記念論集刊行会、二〇〇〇年）。

㋑西日本では官衙《かんが》・寺院・墳墓・一般集落から出土するが、琉球弧の出土地はすべて一般集落である。

㋺一遺跡の出土数は西日本では一～二枚であるのに対して、琉球弧では三～三三枚と、まとまって出土することがある。

㈧西日本では他の中国銭や日本の「皇朝《こうちょう》十二《じゅうに》銭《せん》」と伴出するが、琉球弧ではそうした例はない。

これによっても、琉球弧における開元通宝の出土状況がいかに特異であるかがわかる。

開元通宝がどのようにして琉球弧に持ち込まれたかは明らかではない。

先行研究の整理

これまでもさまざまな見解が出されているが、

①遣唐使船の寄港または漂着に伴い遣唐使が島民に与えたもの

②ヤコウガイの対価として中国から直接もたらされたもの

という二つの見解に絞り込むことができよう。これはまた琉球弧における開元通宝の果たした役割とも関係している。すなわち①は装身具・宝物に象徴される威信材であったと見るのに対して、②は貨幣としての使用を想定する。

貨幣使用の検討

琉球弧にもたらされた開元通宝が古代の東アジア経済圏において国際通貨として用いられたことを初めて提唱し、さまざまな観点から論証を試みているのは高宮廣衞である（「開元通宝からみた先史終末期の沖縄」大川清博士古稀記念論文集『王朝の考古学』雄山閣、一九九五年、高宮廣衞・宋文薫「琉球弧および台湾出土の開元通宝」『南島文化』一八、「開元通宝と按司の出現（予察）」『南島文化』一九、高宮廣衞・任孝宰「百済・統一新羅時代遺蹟出土の開元通宝」『沖縄国際大学社会文化研究』四ノ一）。しかし八世紀の日本と新羅間の貿易において用いられていたのは綿・糸など物品貨幣であり、古代東アジアで展開していた国際貿易においては開元通宝といえども銭貨が国際通貨として用いられた可能性は低いと思われる（栄原永遠男『日本古代銭貨流通史の研究』塙書房、一九九三年）。また東野治之によれば、日本の貿易商人が中国の商品を輸入宋銭で購入することは室町時代までほとんど起こらなかったし、古代朝鮮では一二世紀初頭まで独自の貨幣はつくられておらず、貨幣経済の発達度合いが低かったというから（東野治之『貨幣の日本史』朝日新聞社、一九九七年）、古代並行期に、琉球弧と日本・新羅との交易において開元通宝が支払い手段として使用されたとは考えられないのである。

　唐の昭宗（八八八～九〇四年）の頃に書かれた劉恂《りゅうじゅん》の『嶺表録異《れいひょうろくい》』には、当時、陵州《りょうしゅう》刺史《しし》であった周遇《しゅうぐう》が山東《さんとう》省から福建《ふっけん》に向かう途中、五日間漂流し、帰国するまでに立ち寄った狗国《くこく》・毛人《もうじん》国・野叉《やしゃ》国・大人《たいじん》国・流虬《りゅうきゅう》国・小人《しょうじん》国について語った漂流譚《ひょうりゅうたん》が見える。荒唐無稽《こうとうむけい》な話もある中で、流虬国（琉球国）の記述はやや現実味を帯びている。すなわち、その国の人は小柄で、皆、麻布の服を着て、礼儀正しく、競って食物を持ってやってきて釘鉄と交換しようとしたという。また乗船していた新羅人は流虬国の言葉をだいたい理解できたので、彼に通訳してもらって速く立ち去るように伝えている。この国では中国人が漂着すると災禍に見舞われる、として恐れるという。

この流虬国が台湾か沖縄かという問題もあるが、後の万暦四年（一五七六）冊封副使として琉球へ渡った謝杰《しやけつ》が著した『琉球録撮要補遺《りゆうきゆうろくさつようほい》』の「原委」に、流虬は虬（みずち）が水に浮かんでいるような形状から名づけられたとあり、流虬は沖縄島を指すことから、これを『嶺表録異』の流虬国まで遡らせて考えることもできよう。そうなると『嶺表録異』の記事は、九世紀末～一〇世紀初頭の琉球弧の交易社会の一端を示す史料として興味深い。これによれば、琉球弧にはしばしば中国や新羅の船が流れ着いたことがうかがわれ、また彼らから鉄を入手できることを琉球の人々が知っていたことになる。その対価は食物であったことも知られる。中国人の漂着に起因する災禍とは、隋代の陳稜《ちんりよう》による攻撃のことか、あるいは近い過去に中国人による掠奪《りやくだつ》行為があったことを意味するのか、具体的なことは不明だが、そうした中国人を警戒しながらも鉄の入手には余念がない。しかも物々交換によっており、開元通宝を対価として用いた様子はうかがえない。

以上のことからも琉球弧に分布する開元通宝が貨幣として持ち込まれ、使用されたと考えることは無理であろう。

「威信財」としての開元通宝

ところで銭貨には貨幣本来の用途以外に、宗教的・呪術的な用途があることも知られている。たとえば宅鎮《たくちん》・地鎮《じちん》、井戸鎮として埋め、また胞衣《えな》（胎盤）壺に入れて埋納したり、墓に納める。しかしこうした用途は貨幣経済時代に見られる用例である。物々交換時代においては、銭貨は主に装身具に利用された。それは高宮廣衞や角南聡一郎が、台湾のヤミ族・アミ族・パイワン族、タイのアカ族、ボルネオのダヤク族、アメリカの先住民などが実際に使用している事例を数多く紹介している（高宮廣衞「開元通宝と按司の出現」『南島文化』一九、角南聡一郎「先住民における多元的『貨幣』受容形態」『台湾原住民研究』一二）。

開元通宝の中央の四角い孔《あな》は、もともと製造工程で棒を差し込んで貨幣のふちのバリ取りをする時や、出来上がった銭を束ねる時に利用されるものであるが、そこに紐を通して装身具に仕立てる際にも有用な孔である。久米島北原貝塚出土の開元通宝の一つに、「元」字の下に小さな孔の開いたものがある。また石垣市立八重山博物館には、採集場所は不明だが、地元の砂利採取業者が寄贈した開元通宝の中に、「開」の門構えの上部の隙間の部分と「通」の右上に孔の開いたものが二枚含まれている。これらの孔の開いた銭は、小孔に紐を通してペンダントの如き装身具として使用したことが考えられるが、「開」字の箇所以外にも孔が開けられているところを見ると、吊りさげた時、銭文が逆さまになったり斜めになったりしてもまったく意に介さなかったようである。というよりも文字が理解できなかったのではないかと思われる。こうした孔の開いた開元通宝は、台北県八里《たいほくけんはちり》の十三行《じゅうさんぎょう》遺跡の七～一〇世紀の地層からも見つかっているが、その中に「開」字の門構えの上部の一角を毀《こわ》す形で穿《うが》っているものもあり（『台北県八里郷十三行遺祉文物陳列館規劃報告』図版四二）、小孔が二次的に開けられたことを明瞭に物語っている。久米島と石垣島の遺跡から出土した孔の開いた開元通宝は、現地で穿たれたものではなく、最初から孔の開いた開元通宝が持ち込まれた可能性が高い。

図33　穿孔の開元通宝
（八重山博物館提供）

なお、やや時代が下ると、開元通宝や開元通宝以後の銭貨に複数の孔の開いたものが出土するようになる。たとえば石垣島のビロースク遺跡（一二～一三世紀）から二箇所に穿孔《せんこう》がある開元通宝二枚と元祐通宝一枚が出土しており、沖縄本島中部の勝連城《かつれんぐすく》からは四つの孔の開いた銭貨が出土している。

今のところ出土状態から、開元通宝が装身具として使用されたかどうかを判断することは難しいが、七～一二世紀の琉球弧は新石器時代で、人々が使用していた道具は石器・骨器・貝製品や土器（八重山地方は無土器）が中心であったから、銅で造られた円形で中央に四角い孔を開け、文字が入った開元通宝は、その鋳造技術からしても琉球弧の人々にとっては驚くべき珍品・貴重品であったと思われる。それ故に開元通宝は、これを「持つ者」の社会的な権威や権力や経済力の象徴となる「威信財」としての役割を担っていたことは十分考えられる。

しかしこれは開元通宝だからということではなく、日本の富本銭《ふほんせん》や皇朝十二銭でも同じ役割を果たしたはずである。琉球弧の人々は、両銭貨が発行されてからも何度か大和政権や律令国家へ「朝貢」しているし、また大和からの使も奄美《あまみ》（大島）、度感《とかん》（徳之島《とくのしま》）、球美《くみ》（久米島《くめじま》）、信覚《しがき》（石垣島《いしがきじま》）まで足を延ばしているが、大和の人との接触・交易において日本の銭貨が持ち込まれた形跡がまったくないのである。おそらく琉球弧の人々は日本の銭貨のことは知らなかったのではないか。

従来の説の問題点

それでは開元通宝はどこからどのようにして琉球弧に持ち込まれたか。私は①の遣唐使説を基本とするが、北は奄美大島から南は西表島まで広範囲に分布し、今後も出土する可能性があることを考えると遣唐使だけですべてを説明することは困難である。たとえば南島路による寄港だけでなく南路による漂着を想定したとしても開元通宝出土遺跡の分布が広範囲にわたっており、また出土遺跡のある島々への遣唐使船の寄港・漂着を裏づける史料が見えないからである。それでは②のヤコウガイ対価説はどうであろうか。この説は、諸島ごと（久米島・慶良間諸島は別枠）に開元通宝とヤコウガイの出土地や時期を統計的に処理したデータの分析を前提とする。それによれば開元通宝もヤコウガイも久米島に集中しており、宮古諸島ではまったく空白であるという。確かに久米島の北原貝塚では、崎枝赤崎貝塚に次いで多い一三枚の開元通宝と大量のヤコウガイが出土している。しかし同時期の清水貝塚Ⅲ～Ⅵ層からは大量のヤコウガイが出土するが開元通宝は出土せず、それより古い、開元通宝が初めて鋳造された六二一年以前の年代に属する清水貝塚Ⅱ層から最大量のヤコウガイが出土するなど、久米島全体として見れば開元通宝とヤコウガイとの相関関係は認められない。それ以外の地域でも開元通宝の出土とヤコウガイの大量出土とは必ずしも対応しておらず、琉球弧の開元通宝がヤコウガイの対価としてもたらされたと見なす結論には無理があろう。また遺跡からヤコウガイのみを切り離して解釈を施す方法論への疑問も提示されている。そもそも開元通宝が国際通貨であった可能性は低く、琉球弧の人々はヤコウガイの対価として開元通宝を受け取ったところで、日本から必要な鉄や焼き物などを購入することができないのであればほとんど意味をなさない。したがって②説でも琉球弧の開元通宝を十分に解釈できない。

開元通宝持ち込みの背景

そこで、開元通宝を出土する琉球弧の遺跡は七世紀から一一世紀末まで年代幅が広いこと、また開元通宝も約三〇〇年もの長きにわたって鋳造・流通したことを考えると、琉球弧にもたらされた背景を一律に解するよりも、地域あるいは島ごとに背景を考えるのが穏当であろう。

まず奄美諸島の開元通宝から見ていくと、徳之島の面縄《おもなわ》第一貝塚および奄美大島の用見崎遺跡は、共伴する兼久式土器の編年によれば、共に七世紀後半から八世紀前半に属するという（高梨修「古代並行期における奄美諸島の在地土器編年」『古代中世の境界領域』高志書院、二〇〇八年）。また放射性炭素による年代測定によれば面縄第一貝塚が六五〇年前後、用見崎遺跡で六五〇年前後と、ほぼ同時期の数値が出ているようである（木下尚子「開元通宝と夜光貝」）。

『日本書紀』天武一二年（六八三）四月一五日の詔《みことのり》によれば「今より以後、必ず銅銭を用いよ。銀銭を用いることなかれ」とあり、これまで流通していた銀銭の使用を禁止し、それに代わる銅銭の使用を命じているが、この銅銭は和同開珎《わどうかいちん》以前に作られた日本最古の貨幣である「冨本銭《ふほんせん》」の可能性が高い。「冨本銭」は、銭文の「冨本」が後漢時代の貨幣五銖銭《ごしゅせん》の「五銖」と同じ漢字二文字であることから、五銖銭の影響も少なからず認められるが、重さ、大きさ、厚さが開元通宝と同じで、形や規格から言っても開元通宝を模倣して作られたことは間違いない。したがって見本となった開元通宝は少なくとも天武一二年以前には伝来していたことになる。最初の遣唐使が派遣された舒明《じょめい》天皇二年（六三〇）には開元通宝は鋳造されているが、おそらく斉明《さいめい》天皇五年（六五九）、天智天皇八年（六六九）のいずれかの遣唐使が最初に持ち帰ったであろう。しかしこの時の遣唐使は北路を使用していたから、徳之島と奄美大島に寄港することはありえない。したがって可能性があるとしたら、大宝二年（七〇二）に出発した遣唐使の第一船が慶雲《けいうん》元年（七〇四）に、第二船が慶雲四年に帰国する際に「南島路」を採った場合である。史料には見えないが往路に「南島路」を採ったとしたら帰路もその可能性は高い。遣唐使は唐文物の一つとして、あるいは新貨幣鋳造の見本として持ち帰ろうとした開元通宝の一部を、奄美諸島の寄港先で島内の有力者に渡したとすれば、今日の出土数は不自然な数ではない。

沖縄本島には遣唐使船が寄港している。すなわち天平勝宝六年（七五四）に鑑真《がんじん》を伴った遣唐使船が帰路に阿児奈波島《あこなわ》（沖縄本島）に着き、一五、六日間滞在したことが史料から確認されるのである。したがって滞在中に遣唐使かあるいは鑑真の随行者の誰かが、島の有力者に開元通宝を渡したことが想定される。しかし出土遺跡が西海岸沿いの北は本部町《もとぶ》から南は宜野湾《ぎのわん》市、東は勝連《かつれん》半島まで広く分布していることから、島内における再分配またはは移動の可能性もあろう。

久米島の場合は、遣唐使が帰路「南島路」を採った時に立ち寄る可能性もありえるが、久米島への寄港ないしは漂着記事が見えないので、史料的には遣唐使との関係で理解することはできない。久米島からは開元通宝よりも古い五銖銭が、五～七世紀頃と見られる四遺跡から一三枚見つかっている。久米島は最も中国に近い位置にあり、早くから人の往来があったことが知られる。したがって開元通宝も久米島の人々と中国の民間の交易者との接触によってもたらされたものではなかろうか。

八重山諸島の開元通宝は石垣島と西表島《いりおもてじま》東部から見つかっているが、西表島の仲間第一貝塚出土の開元通宝は、八四五年に鋳造された会昌開元銭《かいしょうかいげんせん》である。それは最後の遣唐使となった承和の遣唐使が帰国した以後のものであるから、仲間第一貝塚の開元通宝（会昌開元）が遣唐使によってもたらされたものでないことは確かである。昭和四七年（一九

図34　会昌開元
（八重山博物館提供）

七二）に西表島西部の内離島《うちぱなりじま》成屋《なりや》村跡から唐代に長沙《ちょうさ》窯《よう》で焼かれたという黄釉緑褐彩《おうゆうりょくかっさい》椀が採集されているが、王仲殊はこれを中国東南の沿海の港湾都市から海路によって直接もたらされたと推定している（王仲殊「琉球列島・奄美諸島各地出土の開元通宝に関して」アジア史学会第九回大会記録『アジアの中の沖縄』）。ただ出土物ではないため伝世品の可能性も残るが、この推定が妥当であれば、西表島東部の仲間第一貝塚や石垣島の崎枝《さきえだ》赤崎《あかさき》貝塚の開元通宝も、中国沿海部の民間人の交易活動に依ることも十分考えられる。

一〇～一三世紀の琉球弧と東アジア

一〇〜一一世紀前半の南蛮とキカイジマ

奄美島人の襲撃事件

藤原実資《ふじわらのさねすけ》の日記『小右記《しょうゆうき》』長徳《ちょうとく》三年（九九七）一〇月一日条には、「奄美島の者」が九州の諸国に乱入し、家を焼き人々を拉致したことが記されており、一〇世紀末の奄美島人はそれまでの姿とはまったく様相を異にする。

『小右記』によれば、最初の事件は長徳三年の「先年」に起きている。この時、奄美島の人が大隅《おおすみ》国の人四〇〇人を拉致したという。しかし九州諸国を管轄する大宰府《だざいふ》はこのことを中央政府に報告せず放置した。長徳三年はこれに続くもので、彼らは武装した船で筑前・筑後・薩摩国や壱岐《いき》・対馬《つしま》島の海夫《かいふ》を襲い、殺害、放火、掠奪を行っている。筑前以下の国の人々の間で交戦があり、矢があたって死傷した奄美島人も多くいたが、当国の人々もおよそ三〇〇人が拉致されたという。

これは大宰府から中央へ差し出された文書（解文《げぶみ》）と大宰府官人の藤原有国《ふじわらのありくに》の書状に書かれていたと思われる事件のあらましである。両文書がもたらされたのは、天皇が紫宸殿《ししんでん》に出御《しゆつぎよ》し政事《まつりごと》のことを聴《き》き、その後に宴会を行う旬政《しゆんせい》と呼ばれる行事の日であった。大宰府から飛駅使《ひえきし》が着き、それを取り次いだ左近衛府《さこのえふ》の官人が、酒宴の最中に、「高麗《こうらい》国の人が対馬島・壱岐島を虜掠《りよりやく》し、肥前国に着き、同国の人を虜《とりこ》にしようとしている」と大声で伝えた。しかし文書の中身を見て高麗国の人が来襲したというのは誤報で、大宰府管内諸国に乱入したのは奄美島人であった。当時左大臣の地位にあった藤原道長《ふじわらのみちなが》は、このことを一条天皇に奏上《そうじよう》し、天皇の仰せを受けて諸卿が定め申したことは、大宰府がすでに定め実施しているが、重ねて要害の箇所を警備し、賊徒を追討せしめ、仏神にも祈禱し、もし追討使《ついとうし》に勲功があった時には、程度に応じて褒賞を加えるというものであった。

この事件については、当時蔵人頭《くろうどのとう》として旬政に参加した藤原行成《ふじわらのゆきなり》の日記『権記《ごんき》』にも見えるが、そこでは奄美島の人ではなく南蛮人の犯行としている。編纂史料である『日本《にほん》紀略《きりやく》』一〇月一日条にも南蛮の語が用いられている。ただ『百錬抄《ひやくれんしよう》』は高麗国人としているが、これは『小右記』の左近衛府官人の言葉を抄出した可能性が高く、実際に襲撃したのは南蛮人すなわち奄美島人であったと解して差し支えないであろう。

海夫による交易活動

襲撃の対象となったのが海夫であったことがわかるのも『小右記』であるが、これは襲撃事件の背景を考える上で重要である。海夫とは「白水郎《あま》」の流れをくむ人々で、船を所有し海を生活の場として暮らす海民のことである。史料には肥前国と筑前国の「白水郎」の例が見えるが、当然、九州の海岸を有する国々に存在したであろう。

奄美島人の襲撃事件は南島と九州との間で行われた交易に関わるトラブルが原因であった可能性が高く、その交易を担っていたのが海夫であったと思われる。九州の海夫と奄美島人との交易で想定されるのは琉球弧産の貝である。具体的に言えばヤコウガイとホラガイである。

ヤコウガイは遅くとも九世紀後半以降、日本に運ばれて消費されている。前述のように、『貞観儀式《じょうがんぎしき》』にはナマスを盛るヤコウガイ製の坏が見える。また『政事要略《せいじようりゃく》』に引用された「蔵人式《くろうどしき》」（八九〇年成立）には賀茂《かも》神社の臨時祭《りんじさい》に「螺杯《らはい》」が使用されたことが知られる。

また『宋史』日本伝によれば、永延《えいえん》二年（九八八）に入宋して帰国した東大寺の僧奝《ちょう》然《ねん》が弟子嘉因《かいん》を遣わし、宋の皇帝太宗への贈与品として日本の特産物を献上しているが、その中に「螺鈿《らでん》花形平函《ひらばこ》、螺鈿梳函《そかん》一対、螺鈿書几《しょき》、螺鈿鞍轡《あんひ》一副」が見え、こうした日本の螺鈿細工に南島産のヤコウガイが用いられた可能性は大きい。

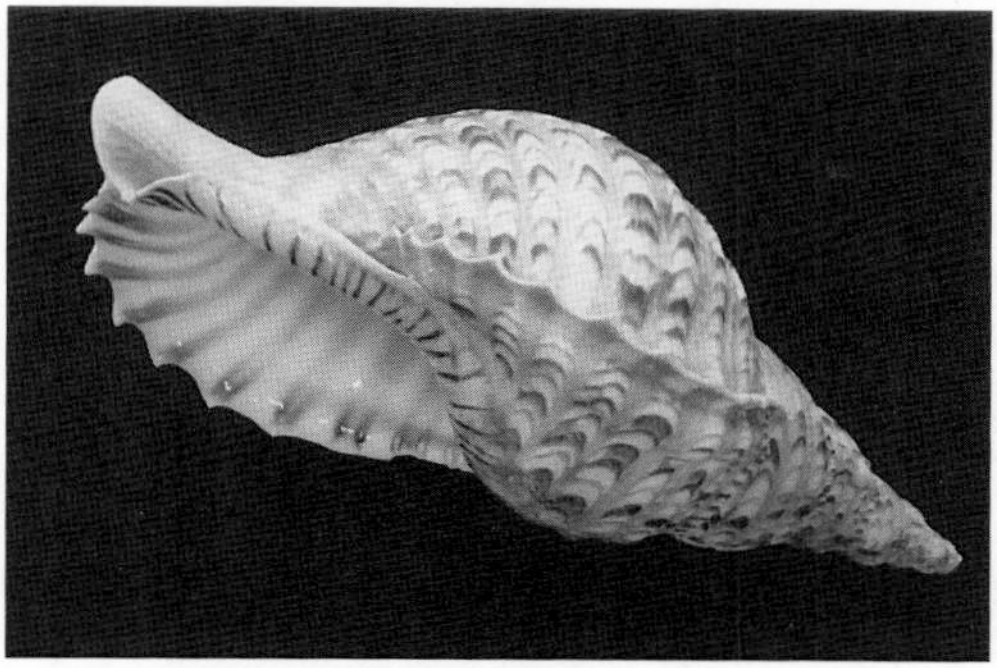

図35　ホラガイ

宋の皇帝太宗への贈与品にはこの他、「螺杯二口」と「法螺《ほら》二口」が見える。螺杯は上述の通りヤコウガイの酒を飲む杯のことであるが、法螺は仏教の楽器の一つである。円仁《えんにん》の『入唐求法巡礼行記《にっとうぐほうじゅんれいこうき》』によれば、これより五〇年前の八三八年に入唐した円仁も「螺子」を持参し、揚州の役人に贈与している。その時の「螺子《ほらがい》」には大小あったようで、結局は「小螺子」（尻の部分を切ったもの）二口は円仁へ返却され、「大螺子」（尻を切らない元のまま）一口だけが留め置かれている。木下尚子の研究によると、法螺の素材は本州産のボウシュウボラと琉球弧で採れるホラガイがあり

（木下尚子「『白螺貝一口』考」『熊本大学文学部論叢』五三）、装飾的価値を備え交易品として優れているのはホラガイで、日本から高麗国に渡った法螺には琉球弧で採れたホラガイが含まれていた可能性は高いという（木下尚子「南島交易ノート」平成六〜七年度科学研究費補助金一般研究（B）研究成果報告書『東アジアにおける社会・文化構造の異化過程に関する研究』一九九六年）。

このように襲撃事件が発生する時期に南島のヤコウガイ・ホラガイが交易の対象となっていたことは確かである。

ところで、ホラガイについては今のところ琉球列島でその集積遺構は見つかっていないが、ヤコウガイについては、前述のように、奄美・沖縄地方の海岸砂丘上に形成された遺跡から大量に出土する。

木下尚子は、古代・中世における南島と大和《やまと》間の貝交易は、「消費者側からの要望によって成立し、消費者側がみずから南島に赴くという一方的な構造をもっていた」（木下尚子「サンゴ礁と遠距離交易」『沖縄県史』各論編3古琉球、二〇一〇年）という。これに従えば、長徳三年の事件は、交易のため九州に赴いた奄美島人が交易上のトラブルから結果的に武力に訴えたものではなく、奄美島人が初めから襲撃を目的に九州に出かけて犯行に及んだものと見るべきであろう。

交易上のトラブルの内容については不明だが、たとえば海夫による交易において、対価物や転売の問題など著しい不公平な取引があったとか、あるいは海夫の中には自ら潜水してヤコウガイやホラガイを捕獲する者がいて、奄美島人の利権が損なわれるような事態が生じていたことなどが推測されよう。

同調者の存在

ただ問題となるのは、三〇〇人とか四〇〇人という拉致した人々を船に乗せていることや、襲撃の対象が大隅・薩摩など南九州にとどまらず、肥前・肥後・筑前・筑後から壱岐・対馬まで広範囲に及んでいて、しかもそれらの国・島と互角に交戦していることである。

ちなみに『日本紀略』弘仁四年（八一三）三月一八日条に、一一〇人の新羅人が五艘の船で小近島《おちかのしま》（小値賀島《おじかしま》）に到着し、土民九人を殺害し一〇一人を捕獲したことが見える。一一〇人の新羅人と捕虜一〇一人が五艘の船に乗ったとすると、一艘あたりの乗船者は四二、三人となる。これを参考にすると、奄美島人の襲撃事件の場合、拉致者とほぼ同数の奄美島人が乗船していたとして、四、五〇人乗りの船が少なくとも一〇余艘は存在したと見なければならないであろう。また大宰府管内の国・島の人々が用いた矢に対抗できる程の鉄製の武器が備わっていなければならない。

したがって南蛮人襲撃事件が奄美島人単独による犯行ではなく、その背景に「中国大陸沿海部を主にした一応は交易を目的とする海賊集団」（中村明蔵「古代東アジアと奄美・沖縄諸島」『鹿児島国際大学国際文化学部論集』三ノ四）や「奄美嶋人と接触がある南九州に活動の場を持ち、対馬までの海上交通と船を熟知する交易者たち」の存在を推測する見解がある（田中史生「九〜十世紀東アジアの交易世界と奄美諸島」『東アジアの古代文化』一三〇）。

襲撃された壱岐・対馬は朝鮮半島に最も近く、しばしば新羅《しらぎ》賊に掠奪された地域であった。また新羅人や刀伊《とい》（女真族《じょしんぞく》）などが他国を襲う場合、奴隷として利用するために現地の人を拉致していることなどから、朝鮮半島の当時の高麗国の人々が何らかの形で関与していた可能性を考えるのが穏当であろう。しかし高麗国が来襲する噂はあったが実際には来なかったと認識されている。おそらく国家的な組織ではない民間の交易集団による行為だったため表面に出なかった可能性が高い。

ところで前述のように、朝鮮半島の新羅および大伽耶の王陵からヤコウガイ製の貝匙が見つかっている。木下尚子は高霊池山洞四四号墳出土の貝匙について、これを朝鮮半島で製作されたものと推定する。そして素材となった琉球列島産貝は韓半島南部の海人《あま》と九州海人（肥後海人・薩摩海人）との連携によって入手した可能性があることを指摘している（木下尚子「韓半島の琉球列島産貝製品―一〜七世紀を対象に―」西谷正編『韓半島考古学論叢』すずさわ書店、二〇〇二年）。

製作技法が共通するということは、琉球弧から貝匙の完形品が朝鮮半島にもたらされていたか、朝鮮半島から琉球弧にやって来て貝匙製作工房で技法を覚えた人がいたか、どちらかのケースが考えられる。

いずれにしても朝鮮半島におけるヤコウガイ製の容器の出土は、五世紀後半から六世紀初頭頃に朝鮮半島と琉球列島との交流があったことを示している。その後、初期高麗青磁《こうらいせいじ》や高麗陶器が喜界島《きかい》に搬入され、また徳之島《とくのしま》で高麗陶器に似たカムィヤキが生産が開始される一一世紀後半までの間、琉球列島と高麗国の関係を示す史料や考古遺物は今のところ見あたらないが、一〇世紀末頃には高麗国との間に琉球列島産の貝をめぐる何らかの交易ネットワークが形成されていたと思われる。そういう関係から高麗国の民間の交易集団が奄美島人の義憤に同情し、大宰府管内諸国の襲撃に同調・荷担することになったのであろう。

近年、奄美諸島では相次いで古代・中世並行期の遺跡が見つかっているが、中でも喜界島城久《ぐすく》遺跡群の発見は日本古代・中世の琉球弧を考える上で最も注目すべき遺跡である。

喜界島城久遺跡群の発見

喜界島は、鹿児島市の南南西約三八〇キロ、奄美大島の東約二五キロの洋上に位置し、周囲が四八・六キロ、面積五六・九平方キロの小さな島である。城久遺跡群とは、喜界島中央部の城久集落を中心に分布する山田中西《やまだなかにし》・山田半田《やまだはんた》・半田口《はんたぐち》・小《こ》ハネ・前畑《まえはた》・大《おお》ウフ・半田《はんた》・赤連《あがれん》遺跡の八つの関連する遺跡の総称で、標高九〇〜一六〇メートルの海岸段丘上に立地している。平成一四年（二〇〇二）度から行われた発掘調査の結果、大型の掘立柱《ほったてばしら》建物跡を含む建物跡が三〇〇棟余り、墓（火葬墓・再葬墓・木棺墓・土坑墓など）四〇基以上、石を敷き詰めた遺構、鍛冶炉の跡など、琉球弧の中ではこれまで類を見ない種類や規模の遺構が確認されている。

出土遺物の特徴

城久遺跡群からはこれまでの琉球弧の常識をくつがえす数多くの遺物が出土している。その遺物の特徴を挙げると次の通りである。

① 越州窯系《えっしゅうようけい》青磁や白磁《はくじ》など中国陶磁器が出土する。

② 初期高麗青磁・朝鮮産無釉陶器《むゆうとうき》（高麗陶器）など朝鮮半島産陶磁器が出土する。

③　一一世紀後半から博多・大宰府を中心に出土するものと同じ、方形の耳を持つ初期段階の滑石《かつせき》製《せい》石鍋《いしなべ》（再加工の跡が見られる大小の破片）が大量に出土する。

④　本土産土器（須恵器《すえき》・土師器《はじき》）が大量に出土する。

図36　白磁とカムィヤキの出土状況（城久遺跡群山田中西遺跡，池田榮史撮影）

⑤　徳之島伊仙町の「カムィヤキ古窯跡群」で生産されたカムィヤキが大量に出土する。

⑥　在地土器の兼久式土器がほとんど出土しない。

これを見る限り、きわめて在地性（琉球弧特有の）要素に乏しく、外来的要素が濃厚な遺跡ということができる。

遺跡の性格　城久遺跡群は九世紀～一五世紀頃まで営まれており、三時期にピークがあるという。すなわち第一期（九世紀～一一世紀前半）、第二期（一一世紀後半～一二世紀）、第三期（一三世紀～一五世紀）の三期で、そのうち

図37　カムィヤキの出土状況（城久遺跡群山田中西遺跡，池田榮史撮影）

盛期は第二期にあるという（野﨑拓司・澄田直敏・後藤法宣「城久遺跡群の発掘調査」『日本考古学』二九）。しかもカムィヤキ以外はほとんどが日本本土、主に九州地方から運び込まれたものである。また三〇〇棟を超える掘立柱建物跡も確認されており、そのうち山田半田遺跡からは第二期に位置づけられる大型建物跡とそれに伴う建物跡群も検出されている。こうした出土遺物の特徴や大型建物跡を含む多数の建物跡などから考えて、城久遺跡群が在地の人々の集落跡ではないことは明らかである。それでは遺跡の性格をどのように考えるべきであろうか。

城久遺跡群の第一期は、「官衙《かんが》」と見ることはできないにしても、大宰府の出先機関とでもいうべき何らかの行政的な組織であった可能性は高い。そして大宰府官人による南島支配の拠点として機能していたことは十分考えられる。天長《てんちょう》元年（八二四）に多褹嶋《たねしま》が

図38　城久遺跡群山田半田遺跡周辺遠景（喜界町教育委員会提供）

廃止され大隅国に併合されたのはこうした動きと関係があるとする見解もある（池田榮史「琉球王国成立以前―奄美諸島の位置付けをめぐって―」平成一四〜一七年度科学研究費補助金基盤研究（A）（2）研究成果報告書『前近代の東アジア海域における唐物と南蛮物の交易とその意義』〈代表者小野正敏〉）。

第二期は、交易活動の拠点とする見解が有力である。鈴木靖民は、南九州在地の郡司層、領主層による経済的利潤を目的とした広域の交易活動の拠点と推測する（鈴木靖民「喜界島城久遺跡群と古代南島社会」池田榮史編『古代中世の境界領域』）。鈴木康之も、滑石製石鍋の出土量の多さに注目し、博多を拠点とする宋商人を中心とする交易活動に関与した人々がいたとし（鈴木康之「滑石製石鍋の流通と琉球列島」池田榮史編『古代中世の境界領域』）、赤司善彦も、初期高麗青磁・朝鮮産無釉陶器（高麗陶器）や、また高麗陶器と器種構成や製作技術に多くの類似点が認められるカムィヤキが大量に出土していることから、喜界島が東アジア交易圏に含まれていたことを指摘している（赤司善彦「高麗時代の陶磁器と九州および南島」『東アジアの古代文化』一三〇）。こうした鈴木康之・赤司善彦の指摘は、城久遺跡群第二期を念頭においているであろう。

第三期は、急速に遺跡の規模が縮小し、遺跡の立地も第二期とはまったく異なり、標高の低い東シナ海側に形成されるようになる。こうした変化は全体として城久遺跡群の衰退を表すものであり、やがて城久遺跡群の役割も終焉《しゅうえん》を迎えることになるのである。

貴賀島への下知と喜界島の関係

城久遺跡群の発見によって俄然注目を集めるようになったのが、『日本紀略』長徳四年（九九八）九月一四日条に見える次の記事である。

大宰府、貴駕島に下知《げち》して南蛮を捕え進めしむる由を言上す。

大宰府が貴駕島に対して、南蛮人を捕え進めるよう下知したというのである。永山修一によれば、諸史料に見えるキカイガシマの用例・用法には、①個別島名または行政単位としての喜界島（喜界町）、②個別島名としての硫黄島《いおうじま》（鹿児島県三島村）、③領域名称（集合名称）としてのキカイガシマ、④「貴」・「喜」のイメージでとらえられるキカイガシマ、

図39　空から見た喜界島（喜界町役場企画課提供）

⑤「鬼」のイメージでとらえられるキカイガシマに大別でき、『日本紀略』に見える「貴駕島」はそのうちの①に該当することを指摘していたが、城久遺跡群で第一期（九世紀〜一一世紀前半）に越州窯系青磁や、初期高麗青磁・高麗陶器など、「国家」的色彩がきわめて濃厚な遺物が出土したことにより、その可能性が一段と高くなったといえよう。

大宰府が貴駕島に下知したのは、喜界島に大宰府の一種の出先機関が置かれていたか、あるいは大宰府の下知を受けるべき人々が居住していたからであろう。そこには一定の軍事組織も存在していたものと思われる。

このように喜界島は奄美諸島の一つの島でありながら、少なくとも奄美大島と立場を異にする島であった。

『日本紀略』には、翌年の長保《ちょうほ》元年（九九九）八月一九日条にも「大宰府、南蛮賊を追討する由を言上す」とある。これは大宰府が引き続き南蛮賊の追討を中央政府に言上したもので、下知を受けた喜界島が南蛮賊を捕獲したという報告ではない。したがって当時の喜界島の軍事力では南蛮人（奄美島人）の追討は困難であったことがうかがえる。

『左経記《さけいき》』によれば、寛仁《かんにん》四年（一〇二〇）にまたしても「南蛮賊徒」が薩摩国を襲い人々を虜掠する事件が発生し、翌年に天皇は、官符《かんぷ》を大宰府に賜いて、これを追討すべきことを命じている。ただしこの時も貴賀島（喜界島）へ追討の下知があったかは定かではない。

中央貴族への贈り物

『小右記』によれば、一一世紀前半に大宰府の官人や管内諸国の有力者から日記の作者である藤原実資《ふじわらのさねすけ》の元へさまざまな品物が贈られている（表2）。

大宰府の官人や国司および地方の有力者は、その地位を利用して中国産の品々や地方の産物を入手し献上している。そのうちの一人、大宰大弐《だざいのだいに》の藤原惟憲《ふじわらのこれのり》については芳しくない記録が残っている。『小右記』長元《ちょうげん》二年（一〇二九）七月一一日条によれば、任期を終え入京する際に持参した珍宝は数えきれず、実資は、九国二島の産物や唐物を悉《ことごと》く奪い取った彼の行為を、すでに恥を忘れたも同然と酷評している。実際にその前年には、対馬島に来着して筑前国怡土《いと》郡に到着した宋の商人の周良史が、大宰大弐（藤原惟憲）に随身《ずいじん》の唐物《からもの》を奪われた由の愁状を、唐物使に付して進上しており（『小右記』長元元年一〇月一〇日条）、彼の違法な唐物獲得は目に余る程であった。

表2において四角で囲んだ品は琉球弧の産物である。ただ表には見えないが、長元元年九月七日には、藤原実資から藤原隆家の元へ夜久貝四〇余が送られている。これは隆家が手紙で願い出たものである。したがって実資の元へは長元二年八月二日以前にも九州からヤコウガイが贈られていたことがわかる。

このように、一一世紀に入っても九州地方と琉球弧との交易は継続されている。したがって寛仁四年（一〇二〇）の「南蛮賊徒」による薩摩国襲撃事件も、恐らく交易上のトラブルに因るものであろう。『小右記』の記事には、さすがに寛仁四年の事件直後ということもあってか、薩摩国司から実資に進献されたものに琉球弧産の品は含まれていない。

喜界島の無力化

なお永山修一によれば、天喜二年（一〇五四）にも大宰府管内で南蛮襲来事件が起こっていた可能性があるという（永山修一「文献から見るキカイガシマと城久遺跡群」『東アジアの古代文化』一三〇）。初めて南蛮人による襲撃事件が起きてから半世紀が経っても、南蛮人による九州諸国襲撃の沈静化は図れなかったよう

万寿4年(1025) 7月22日	大隅国司(為頼)	絹20疋・色革30枚・[當貝] 5口
	肥前国司(惟宗貴重)	重斑猪皮
万寿4年(1025)12月8日	肥前国司(惟宗貴重)	麝香2臍・丁子10両・大文唐綾2疋・蘇芳20斤・金青3.1両・緑青100両・[檳榔] 300把・温石鍋2口
長元2年(1029) 3月2日	薩摩国司(巨勢文任)	絹10疋・蘇芳10斤・花3帖・葦10枚 (娘に対して)粉紙10帖・茶埦・唐硯1面
	香椎宮宮司	紫金膏2両・可梨勒30果・[檳榔子] 15果
	筑前高田牧司(宗像)妙忠	蘇芳10斤・雄黄2両・紫金膏2両・緑青大48両・金漆升
長元2年(1029) 8月2日	大隅国の住人(藤原良孝)	色革60枚・小手革6枚・[赤木] 2切・[檳榔] 300把・[夜久貝] 50口
長元2年(1029) 8月3日	薩摩国司(巨勢文任)	紫草
長元2年(1029) 9月4日	前肥後国司(藤原致光)	八丈絹10疋・糸20絇
長元4年(1031) 1月13日	大宰府官人(平季基)	唐錦1疋・唐綾2疋・絹200疋・総鞦色革100枚・紫革50枚

(注)　(　)の中の文字は便宜上補ったもの.

表２　九州から藤原実資の元に贈られた品々

年月日	贈呈者	贈答品
長和２年(1013) ７月25日	(大宰府大監)藤原蔵規	唐物(雄黄２分２銖・甘松香10両・荒欝金香10両・金青５両・紫草３枚)
長和２年(1013) ７月26日	平明範	唐物(甘松４両・荒欝金３両・金青３両)
治安３年(1022) ７月16日	(筑前高田)牧司(宗像)妙忠	筥１合・納沉香50両・衣香10両・丁子３両・唐綾２疋・櫛30枚・髪搔10枚・蘇芳《おう》具・糯・糒・魚貝・海藻
治安３年(1022)10月21日	(筑前高田)牧司(宗像)妙忠	穀上分30斛・蠶養上分８丈・絹10疋・白綿100両・縑10疋・綾３疋・屏風１雙・菓子・魚貝・堅塩
万寿２年(1025) ２月14日	(筑前高田)牧司(宗像)妙忠	綾４疋(唐２疋・倭２疋)・上絹52疋・縑２疋・鴨頭草移２帖・幷幔６条・米50石(30石例進年□上分・20石先日千僧供船賃料)・草子・魚貝等
	香椎宮宮司(武行)	唐綾１疋
	大隅国司(為頼)	檳榔 200把
万寿２年(1025) ７月24日	大隅住人(延嘉朝臣)	絹10疋
	大隅国司(為頼)	絹15疋・牛鞦色革20枚
万寿２年(1025) ８月７日	(筑前高田)牧司(宗像)妙忠	長絹５疋・綿小100両・白米10石・青瑠璃瓶２口・茶垸壺３口・贄
万寿２年(1025) ９月15日	大宰府官人(藤原惟憲)	絹100疋・檳榔 200把

である。喜界島の軍事的機能の低下もさることながら、大宰府が喜界島を拠点として奄美島をほとんど統制できない状態にあったことを意味する。このことは城久遺跡群第一期を九世紀から一一世紀前半までとする時期区分と重ね合わせると、その終焉期に襲撃事件が起きていることになり、南蛮人（奄美島人）の捕進を下知された喜界島の勢力がほとんど無力化し、崩壊状態にあったことを物語る。

一一世紀後半〜一二世紀の琉球弧

鴻臚館から博多へ

鴻臚館《こうろかん》は、もともと外国からの使節や日本から外国へ派遣される使節などが滞在する施設で、客館とか単に館と呼ばれていた。鴻臚館の「鴻臚」とは、古代中国で「蕃夷《ばんい》」の入朝・帰朝を司る官を示す言葉で、弘仁《こうにん》年間（八一〇〜八二三）に嵯峨《さが》天皇が建物の呼称を唐風にした時に、筑紫館は大宰府「鴻臚館」と改めたものらしい（田島公「大宰府鴻臚館の終焉」『日本史研究』三八九）。その鴻臚館は、九世紀後半以降、外国からの使節や商人を宿泊させ、食料や衣料を提供しながら、国家が民間に先駆けて優先的に交易を行う場所となった。しかし一一世紀前半から中頃にかけて終焉を迎える。これに対し博多地区では、一一世紀後半から中国南東沿岸地域の窯《かま》で焼かれた白磁が大量に出土し、交易の拠点が鴻臚館から博多地区へ移る。亀井明徳はこれを「波打ち際貿易」から「住蕃《じゅうばん》貿易」へ、という概念を用いて説明しているが（亀井明徳『日本貿易陶磁史の研究』同朋舎、一九八六年）、「住蕃貿易」とは、中華思想に立つ中国から見て蕃夷の国に、宋商人が長期にわたって居住しながら交易活動を行う形態を意味する。博多にはそうした宋商人の居住区が形成され、「唐房《とうぼう》（唐坊）」と呼ばれた。また一一世紀前半までは大宰府の貿易管理にいわば寄生する形でいた宋商人は、一一世紀後半以降は、自ら大宰府の役人として貿易の実務を担当するポストに就き、主体的に貿易活動を行う者も出てきた（亀井明徳「日宋貿易の展開」岩波講座『日本通史6　古代5』一九九五年）。

中国宋朝への硫黄の輸出

『宋史』日本伝には、永延二年（九八八）に入宋して帰国した東大寺の僧奝然《ちょうねん》が弟子嘉因《かいん》を遣わし、宋の皇帝太宗へ贈与品を献上したことが見えるが、その中に「流黄七百斤」が含まれていた。これが日本産の硫黄が中国へ輸出された史料上の初見である。

日本硫黄の宋朝への輸出は一一世紀後半以降活発化する。成尋《じょうじん》が延久四年（一〇七二）から翌五年にかけて中国各地の天台山と五台山を歴遊した記録『参天台五台山記《さんてんだいごだいさんき》』には、熙寧《きねい》二年（一〇六九）と同五年（一〇七二）に日本から購入した硫黄に対して杭州《こうしゅう》市舶司《しはくし》で輸入税が課されたことが見える。

とりわけ注目されるのは、元豊《げんぽう》七年（一〇八四）に宋朝が日本から五〇万斤（約三〇〇トン）の硫黄を購入する計画を立てていること（『続資治通鑑《ぞくしじつがん》長編』元豊七年〈一〇八四〉二月丁丑〈八日〉条）、そしてその計画が実行に移された可能性が高いということである。山内晋次は、これだけ大量の日本産硫黄を購入しようとした背景として、北西の西夏《せいか》という国家と交戦状態にあり、そのため火薬の原料として大量の硫黄を確保する必要があったことを推定する（山内晋次『日本史リブレット75　日宋貿易と「硫黄の道」』山川出版社、二〇〇九年）。

図40　硫　黄　島（三島村役場提供）

日本から海外に輸出された硫黄の産地として最も有力なのは、薩摩国の南方に位置する口之三島《くちのみしま》（竹島《たけしま》・硫黄島《いおうじま》・黒島《くろしま》）の中の硫黄島である。一三世紀前半に成立したと見られる『平家物語』には、治承元年（一一七七）のいわゆる鹿ヶ谷《ししがだに》の陰謀で藤原成親《なりちか》や僧俊寛《しゅんかん》が配流された「鬼界島」について、「島のなかには、高い山があって、いつでも火が燃え、硫黄が満ちあふれている。そのために硫黄が島と名付けられている」とある。さらに俊寛をたずねてやってきた有王《ありおう》に島での生活について聞かれた俊寛が、「体力があった時は、山に登って硫黄を取ってきて、九州からやってくる商人に会い、食べ物と交換した」と語った記事がある。ここから俊寛が流されたところが硫黄島で、そこへ硫黄交易のため九州商人が往来していたことなどを垣間見ることができる。硫黄島の硫黄は九州商人によって博多に運ばれた後、日宋貿易によって中国へ輸出されたと思われる。

高麗・遼（契丹国）との交易

『高麗史』は、一一世紀後半に日本の商人・諸国の使人らが頻繁にやって来て日本の物産を献上したことを記す。それを整理したのが表3である。

日本の商人から高麗国への献上品には、「方物」「土物」などと品物の中身を明示していないものも多いが、品目がわかるものには「螺」「法螺」が含まれているのが注目される。これは琉球弧の海で採れるホラガイであろう。そのうち文宗《ぶんそう》三三年（一〇七九）に藤原を名乗る日本の商人が献上した法螺は海藻とともに高麗国の興王寺に施入されたが、これは

表３　日本から高麗国へ贈られた品々

年月日	献上者	献上品
文宗27年(1073)７月５日	日本国人の王則貞・松永年ら42人	螺鈿鞍橋・刀・鏡匣・硯箱・櫛・書案・画屛・香炉・弓箭・水銀・螺・甲等
	壱岐島勾当官の藤井安国ら33人	方物
文宗27年(1073)11月12日	大宋・黒水・耽羅・日本等諸国人	礼物・名馬
文宗28年(1074)２月２日	日本国の船頭重利ら39人	土物
文宗29年(1075)閏４月５日	日本商人の大江ら18人	土物
	日本人の朝元・時経ら12人	土物
	日本商人59人	
文宗30年(1076)10月15日	日本国の僧・俗25人	仏像
文宗33年(1079)11月５日	日本商客の藤原ら	法螺30枚・海藻300束
文宗34年(1080)閏９月11日	日本国薩摩州	方物
文宗36年(1082)11月９日	日本国対馬島	方物
宣宗元年(1084)６月20日	日本国筑前州の商客信通ら	水銀250斤
宣宗２年(1085)２月13日	対馬島勾当官	柑橘
宣宗３年(1086)３月22日	対馬島勾当官	方物
宣宗４年(1087)３月20日	日本商の重元・親宗ら32人	方物
７月21日	対馬島の元平ら40人	真珠・水銀・宝刀・牛馬
宣宗６年(1089)８月19日	大宰府の商客	水銀・真珠・弓箭・刀剣

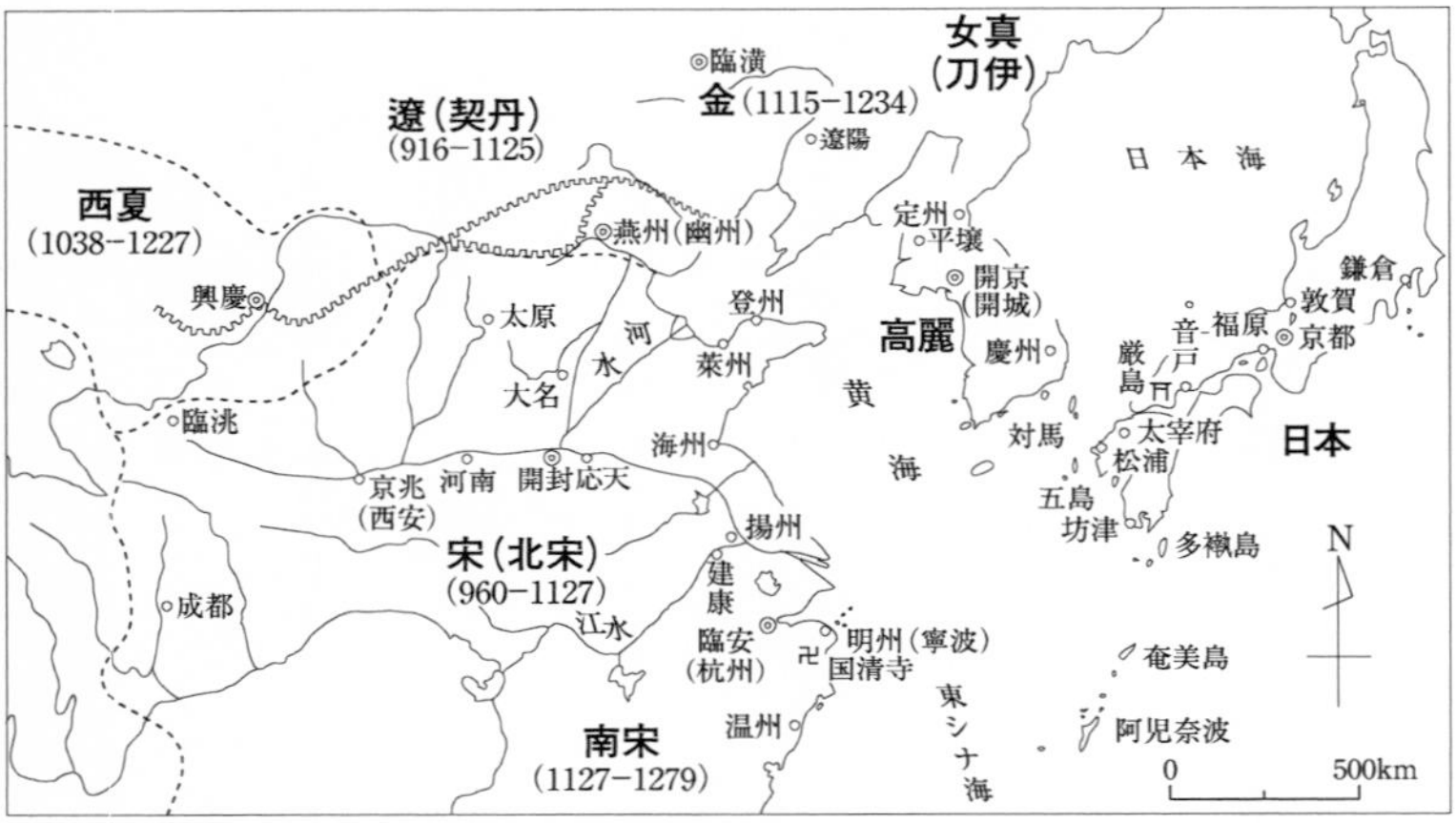

図41　11・12世紀の東アジア（『世界歴史と国際交流』放送大学教育振興会，1989年）

高麗王の長寿を祝うためのものであった。

なお『高麗史』によれば、宣宗《せんそう》一〇年（一〇九三）に、朝鮮半島西海岸沖の延平《えんぺい》島《とう》を巡検していた高麗国の軍船が海船を拿《だ》捕《ほ》したところ、乗組員は宋人一二人・倭人一九人の混成で、弓箭《きゅうせん》・刀剣・甲冑・水銀・真珠・硫黄・法螺などが搭載されていたと記されている。

弓箭・刀剣・甲冑は武器で、硫黄も火薬の原料となった。こうした武器の輸出は中国では厳しく禁じられていたが、日本人と混成とはいえ、宋人にとっては国禁を犯す行為である。

史料によれば、高麗国は宋と日本の海賊が自国の領域侵犯を企てようとしたものと見ているが、藤田明良は、拿捕された海船の針路から、向かっていたのは高麗国ではなく、中国北方の遼《りょう》（契丹《きったん》族が建てた王朝）であろうと推測する（藤田明良「中世『東アジア』の島嶼観と海域交流」『新しい歴史学のために』二二二）。

その前年にあたる寛治《かんじ》六年（一〇九二）に、明範《みょうはん》という商人僧が、唐の海商隆琨《りゅうこん》の船で契丹国（遼）に渡り、兵器を売却し、金銀など豪華な品を持ち帰ったことが発覚して問題となる。結局、この事件の背景には大宰権帥《だざいのごんのそち》藤原伊房《ふじわらのこれふさ》と対馬守《つしまのかみ》藤原敦輔《ふじわらのあつすけ》が絡んでいることがわかり、伊房は降位停職の処分を受けることになる（『中右記』寛治六年六月二七日条、同年九月一三日条、寛治七年二月一九日条、嘉保元年五月二五・二八日条、『後二条師通記』寛治六年一〇月二三日条）。こうしたことから藤田は、高麗国に拿捕された海船に武器が搭載されていたのは、遼（契丹国）で武器が高値で売れることを見込んでのものであったと指摘する。また原美和子は、元祐《げんゆう》五年（一〇九〇）に宋から高麗への渡航が禁止されたため、高麗経由で遼へ行けなくなり、日本から遼へ渡る海商が出現し、航路も開拓されるようになったと推察する（原美和子「宋代海商の活動に関する一試論」小野正敏・五味文彦・萩原三雄編『中世の対外交流』高志書院、二〇〇六年）。いずれにしても、この時の乗組員も宋人と日本人の混成であったという点では共通している。文宗二七年（一〇七三）七月五日に「螺」を含む種々の品物を献上した王則貞・松永年らも『高麗史』には日本人とあるが、日本から来たということでそのように記されているのであって、王則貞は宋商人か日宋混血児と見られており、中国風に書かれた松永年は日本人のように思える。

「唐房」の実態は宋人と日本人の混住した街で、生活様式も日本と中国の折衷であったとの指摘もあり（大庭康時「博多綱首の時代」『歴史学研究』七五六）、宋人と日本人が一緒に貿易船に乗り活動していたとしても不思議ではない。

ところで、拿捕された海船の搭載物は武器の他に法螺も含まれており、琉球弧産のホラガイが商人の手によって遼（契丹国）にまで運ばれようとしていたことがわかる。当時の対外交易に関わる商人が、ホラガイをどのようにして入手したかは明らかではないが、喜界島の城久遺跡群の第二期にみられる交易拠点において購入したのか、国内交易を専門とする商人との取引を通じてかのいずれかであろう。

国内への流通

高麗または遼など国外との交易に携わった商人とは別に、主に国内を対象とする交易集団がいた。その典型的な人物として描かれているのが藤《ふじ》原明衡《わらのあきひら》の『新猿楽記《しんさるがくき》』（一一世紀後半成立）に見える八郎真人《はちろうのまひと》である。彼は商人仲間の主領で、暴利を貪り、妻子も他人のことなど一切顧みず、一つの物を万にしたり、土塊《つちくれ》から

表4　八郎真人が扱った交易物

唐物	沈・麝香・衣比・丁子・甘松・薫陸・青木・竜脳・牛頭・雞舌・白檀・赤木・紫檀・蘇芳・陶砂・紅雪・紫雲・金益丹・銀益丹・紫金膏・巴豆・雄黄・可梨勒・檳榔子・銅黄・緑青・燕脂・空青・丹・朱砂・胡粉・豹虎皮・藤茶埦・籠子・犀生角・水牛如意・瑪瑙帯・瑠璃壺・綾・錦・羅・穀・呉竹・甘竹・吹玉等
本朝物	緋襟・象眼・繧繝・高麗軟錦・東京錦・浮線綾・金・銀・阿古夜玉・夜久貝・水精・虎珀・水銀・流黄・白ろう・銅・鉄・縑、蟬羽・絹・布・糸・綿・纐纈・紺布・紅・紫・茜・鷲羽・色革等

金を作り出すように、金儲けに目がない。また言葉巧みに他人の心をもて遊び、はかりごとをもって他人を出し抜くのが得意であるとの悪評判であった。その妙な名前からして架空の人物と見られるが、当時、モデルとなるような商人がいたことは確かであろう。

八郎真人の活動範囲は広く、東は俘囚《ふしゅう》の地（東北地方）から西は貴駕之島《きかいがしま》（喜界島）にまで及んでいたという。彼が扱った交易物は「唐物」（中国産の品物）と「本朝物」（日本産の品物）に分類されるが、それぞれの中身は表4の通りである。

本朝物のうちの「夜久貝」は琉球弧産、流黄（硫黄）は硫黄島産である。唐物に含まれている「赤木」は琉球弧産のアカギと見られ、本来ならば本朝物に入るべきであるが、「紫檀《したん》赤木」と並記されることが多いため、紫檀に引きずられて唐物に記されたのかもしれない。いずれにしても八郎真人は、こうした品物をどのようにして入手したのであろうか。自ら生産地に出向き、現地の人から直接購入したことも考えられるが、交易拠点としての喜界島城久遺跡群第二期の施設などで入手した可能性も推測されよう。

喜界島に対する認識

『長秋記《ちょうしゅうき》』天永二年（一一一一）九月四日条によれば、喜界島の者が紀伊国に来着したことで「陣定《じんのさだめ》」が開かれている。陣定とは、陣座《じんのざ》と呼ばれる平安宮内裏《だいり》に在る建物と建物の渡り廊下のような空間で行われる公《く》卿《ぎょう》会議のことで、外交事案は陣定を開催して決定することになっていた。したがって喜界島人の来着事件が陣定の議題になっているのは、喜界島が宋や高麗と同様な外国として認識されていたことを示す（永山修一「文献から見たキカイガシマ」池田榮史編『古代中世の境界領域』）。

しかし漂流・来着した喜界島の人は、もともとの島民とは限らない。城久遺跡群第二期（一一世紀後半〜一二世紀）の施設に滞在した宋や高麗の商人の可能性もありうるのではないか。喜界島を出航した外国の商人の乗った船が九州方面へ航行中に漂流・来着したため、陣定が開催されたようにも思える。

やや年代は下がるが、『吾妻鏡《あずまかがみ》』文治《ぶんじ》三年（一一八七）九月二二日条によれば、平家在世の永暦元年（一一六〇）頃、薩摩国阿多郡を本拠地として九州で勢力をふるっていた平《たいらの》忠景《ただかげ》は、反乱を起こし、勅勘《ちょっかん》すなわち追討せよとの天皇の命令を蒙《こうむ》って喜界島に逐電《ちくてん》（逃亡して行方をくらますこと）した。これを追討するため筑後守《ちくごのかみ》家貞を遣わしたが、風波に遮られてむなしくひきあげたという。しかし、昨年に薩摩国川辺《かわなべ》郡の武士で川辺平太道綱なる人物が喜界島に渡ったことを聞いた源頼朝は、源義経に与《くみ》する仲間が隠れ潜んでいる疑いがある喜界島の追討を思い立ち、この年、蔵人所《くろうどどころ》職員の信房と鎮西に住む天野遠《あまのとお》景《かげ》にその任務の遂行を厳命した。紆余曲折の末、翌年五月、天野遠景らは喜界島に渡り、合戦を遂げ、喜界島の人々を帰降せしめたという。

忠景が喜界島に逐電したのは、そこが勅勘の及ばない場所と考えられていたからであった。当時の喜界島に対する認識は、『吾妻鏡』本条に「件《くだん》の島は、古来、船帆を飛ばすの者なし」とあり、同文治四年二月二一日条には「彼《か》の島（喜界島）との境が日本の境界で、はなはだその故実《こじつ》は測り難い」とあり、喜界島が日本の境界の外に位置し、船の往来もほとんどない隔絶された島であった印象を受ける。しかしこうした認識が誤解であることは城久遺跡群第二期の存在からして明らかである。

地方における南蛮人の対応

九条兼実《くじょうかねざね》の日記『玉葉《ぎょくよう》』承安《じょうあん》二年（一一七二）七月九日条には、伊豆国に異形《いぎょう》の者が来着した事件について記されている。これをわかりやすく箇条書きにすると次のようになる。

・去る頃、紫檀赤木などの類で造られた珍しい船に乗った「鬼形者《おにのぎょうなるもの》」五、六人が、伊豆国の出島に来着した。
・島の人は、しばらくは怖れて近づかずにいた。
・彼らは奇異な容貌をしているが、異常な振る舞いはなかったので、近寄って話しかけたが返答はなかった。
・酒を勧めたら意思表示があったので、これを与えた。
・彼らは弓箭を欲しがったが、島の人はこれには応じなかったため、彼らは怒って、腰にさしていた三尺程の白木を抜いて、島の人々に襲いかかってきた。
・島民五、六人が殺され、残る七、八人も重傷を負った。
・そこで島民を呼び集め、弓箭で射ようとしたが、彼らは恐れず、腋《わき》から火を出して耕作している畠を悉《ことごと》く焼き払い、船に乗り、南海の方へ逃げ去った。
・これは「蛮夷の類」であろうか。めったにないことであるから、あらましを記しておく。

・国司は蔵人《くろうど》を通じてこのことを天皇に申し上げた。

この伊豆国に漂着した「鬼形者」を、兼実は「異形の者」と記し、あるいは「蛮夷の類か」と述べているように、日本の境界外の人々の仕業と考えている。言葉が通じないこと、造船に紫檀・赤木などが使用されていること、また南海の方へ逃げ去ったということなどから、琉球弧の人々の可能性もある。彼らは島の人が所持していた弓箭を欲しがったというのは、鉄器の普及が十分ではなかった当時の琉球弧の人々の行動としてはありえる話である。なお『古今著聞集《ここんちょもんじゅう》』には承安元年（一一七一）七月八日のこととしてほぼ似た話が収められているが、ここでは漂着者の「鬼」の身体的な特徴を記している。それによると、身長は八九尺ばかり、髪は夜叉《やしゃ》のようで、体は赤黒く、眼は丸く猿の目に似ていて、裸であるという。蒲《がま》を編んだものを腰に巻いており、体には入れ墨をしていたらしい。ちなみに蒲はかつて多禰島の土毛（産物）であった。

次は、藤原頼長《ふじわらのよりなが》の日記『台記《たいき》』天養二年（一一四五）正月二四日条に見える話である。前年に南蛮人が悪天候のため西府（大宰府）に漂着したが、大宰府管内の人々は、これを大府（禅閤）すなわち藤原忠実《ふじわらのただざね》（藤原頼長の父）の「福に依り」（徳の高さによって）もたらされた祥瑞《しょうずい》（めでたいしるし）であると言っていたというのである。一〇世紀末から一一世紀前半までの間に何度か南蛮人の来襲を受けた大宰府管内諸国の人々の言葉としては意外な感じがしないわけではない。南蛮人の漂着に関して大府の福を持ち出しているのは、日記の作者である頼長が父親の徳を宣伝するための情報操作の可能性もあるが、一二世紀になると、南蛮人の襲撃事件もなくなり、大宰府管内諸国の人々の南蛮人に対する意識が変化し、好意的に見られるようになったのかも知れない。

滑石製石鍋と宋商人

滑石製石鍋は、長崎県西彼杵《にしそのぎ》半島で産出される滑石を刳《く》り抜いて製作した煮炊容器である。これが日本列島に出現するのは一一世紀後半からと見られている。しかし『小右記』万寿四年（一〇七二）一二月八日条には、肥《ひ》前守《ぜんのかみ》の惟宗貴重《これむねのたかしげ》が実資の元へ麝香・丁子・大文唐綾・蘇芳・金青・緑青・檳榔とともに「温石鍋《おんじゃく》」を進上してきたことが見える。温石鍋は滑石製石鍋のことと考えられているが、この場合は他の進上雑物と同様、交易品として商人を介して入手した可能性が高い。

初期の滑石製石鍋は方形の耳を持つタイプのもので、その後、一二世紀後半頃に口縁部外側に鍔《つば》のめぐるタイプへと変化し、一三世紀から一四世紀にかけて次第に鍔の形状が退化していき、一四世紀後半以降はほとんど見られなくなるという。鈴木康之は石鍋利用の

図42　滑石製石鍋（大瀬戸歴史民俗資料館所蔵）

風習と製作技術をもたらしたのは宋商人で、日本における主要な消費者は博多を拠点とする宋の商人であろうと推定する（鈴木康之「滑石製石鍋の流通と琉球列島」池田榮史編『古代中世の境界領域』）。もしそうだとすると、方形の耳を持つタイプの滑石製石鍋が大量に出土する城久遺跡群第二期や奄美大島小湊フワガネク遺跡などは、宋商人との関係が濃厚な遺跡ということになる。新里亮人も、滑石製石鍋の流通経路を生産地の西彼杵半島から、いったん博多など北九州に集められた後、そこから琉球弧に直接持ち込まれたと推測し、その担い手を「博多に拠点を置く商人」とする（新里亮人「滑石製石鍋の基礎的研究—付　九州・沖縄における滑石製石鍋出土遺跡集成—」『先史琉球の生業と交易』）。城久遺跡群では大型の破片や煤が付着したものもあることから、鍋として用いられたものも運ばれた可能性はあるが、琉球弧から出土する滑石製石鍋には、孔が穿たれたものを含む破片が多い。これらは製品としてではなく、最初から破片の状態で持ち込まれた可能性を示唆する（池田榮史「穿孔を有する滑石製石鍋破片について」『小湊フワガネク遺跡群遺跡範囲確認発掘調査報告書』名瀬市教育委員会、二〇〇三年）。琉球弧では滑石製石鍋が伝わると、滑石の粉末を混入した土器が製作されたり、また石鍋の形態を模倣した土器が製作されるようになる。

カムィヤキの生産と流通

カムィヤキは指ではじくと金属音がする硬質の焼き物である。昭和五八年（一九八三）に奄美諸島の徳之島伊仙町阿山の山中で古窯《こよう》跡群が発見され、カムィヤキがここで一一世紀後半から一四世紀前半代まで生産されていたことが明らかになった。

甕《かめ》・壺瓶《こへい》・鉢・碗の四つの器種構成からすれば、日本の中世須恵器《すえき》の範疇に含まれるが、碗と鉢には中国陶磁器との形態的類似性がみられ（吉岡康暢「南島の中世須恵器」『国立歴史民俗博物館研究報告』第九四集）、製作技術の上からは高麗陶器の影響を受けているといわれる（赤司善彦「高麗時代の陶磁器と九州および南島」『東アジアの古代文化』一三〇）。このような日本・中国・高麗における陶器の特徴を複合的に取り入れたカムィヤキの窯跡群の成立に至る経緯については現在でも確たることはわかっていないが、当然その背景として、モノだけではなく、製作技術を持った職人（高麗陶工）およびそれを仲介する人の存在が想定されよう。前述のように、遼に向かう海船が海賊船に間違えられて高麗国の軍船に拿捕《だほ》されることもあったが、一一世紀後半には日本の商人や大宰府管内諸国の官人が使を遣わして物品を献上したことが『高麗史』に見え、日本と高麗との関係は友好であったことが知られる。高麗陶工はこうした日本からの献上品に対する回賜とみられ、それを徳之島に招き寄せた仲介者は日本および宋の商人であったと推測されている（吉岡康暢「南島の中世須恵器」『国立歴史民俗博物館研究報告』第九四集）。

なおカムィヤキは鹿児島県の出水《いずみ》市や金峰《きんぽう》町から八重山諸島の波照間《はてるま》島や与那国《よなぐに》島におよぶ三四八遺跡から出土しており（「類須恵器出土遺跡地名表」平成一四〜一六年度科学研究費補助金基盤研究（B）（2）研究成果報告書『南島出土類須恵器の出自と分布に関する研究』〈代表者池田榮史〉）、琉球弧全域および南九州まで広範囲にわたって流通したことがわかる。

白磁と宋商人

白磁は中国産の磁器で、白磁の碗と皿は一一世紀後半から一二世紀前半に位置づけられている。これらは宋商人が生活必需品として持ち込み、博多唐房において日常の暮らしの中で用いていたものだが、博多遺跡群からは大量の白磁碗が一括して出土しており、その遺構は宋商人の倉庫の一隅であったと推定されている

（亀井明徳「日宋貿易関係の展開」岩波講座『日本通史5　古代5』岩波書店、一九九五年）。こうした白磁碗が琉球弧から出土する。

琉球文化圏の成立

琉球弧以外に生産地を持つ滑石製石鍋および白磁椀と、琉球弧の徳之島で生産されたカムィヤキが、奄美諸島の奄美大島小湊フワガネク遺跡群や喜界島城久遺跡群、沖縄本島の恩納村《おんなそん》熱田《あつた》貝塚・北谷町《ちゃたん》後兼久《くしかねくばる》原遺跡など、さらには八重山《やえやま》諸島最南の波照間島の大泊浜《おおどまりはま》遺跡において出土する。波照間島に至る手前の海は「前の渡《まいぬとう》」と呼ばれ、年中海が荒れる航海の難所であるが、そこをも越えて滑石製石鍋・カムィヤキ・白磁が運ばれているのである。

このように、奄美諸島から八重山諸島までの琉球弧全域にわたって同じ文物が出土するのはこれが初めてで、一一世紀後半から一二世紀にかけて琉球弧は一つの文化圏を形成したことになる。また琉球弧がそれまでの狩猟・漁撈を中心とした社会から本格的な農耕社会へと移行するのも一一世紀後半以降と見られていて、米や麦の種籾《たねもみ》貯蔵用としてカムィヤキの壺が利用されたとの指摘もある。

交易者の出自

カムィヤキ・滑石製石鍋・白磁を琉球弧全域に流通せしめたのはどういう人たちで、その目的は何だったのか。先学の見解を見てみよう。

池田榮史は、滑石製石鍋とカムィヤキが先行し、白磁はこれにやや遅れて持ち込まれていること、カムィヤキが琉球弧への交易を意識して徳之島に生産の拠点を置いているととらえ、カムィヤキと滑石製石鍋は日本本土との結びつきの強い商業集団によってもたらされ、白磁は南宋代の中国商業集団によってもたらされたと考える（池田榮史「南島と古代の日本」『西海と南島の生活・文化』名著出版、一九九五年）。

これに対して安里進は、徳之島のカムィヤキ（安里は亀焼の語を使用）古窯跡群で生産したカムィヤキを琉球弧全域に流通させたのは琉球の商人であるとし、その際、滑石製石鍋や中国産磁器（白磁）も共に流通したと見る。そしてカムィヤキ古窯跡群の操業に関わる陶工集団の渡来と、琉球の商人の出現の背後には、彼らを統率する政治的集団の存在があったと推定している（安里進「大型グスク出現前夜＝石鍋流通期の琉球列島」安良城盛昭先生追悼論集『新しい琉球史像』榕樹社、一九九六年）。

出自が日本か、中国か、琉球かの違いはあるが、滑石製石鍋・カムィヤキ・白磁を沖縄諸島や琉球弧の最南の地の波照間島まで運んだのは商人集団であると解する点、見返りとして琉球弧から持ち出された物について赤木・ヤコウガイ・硫黄などを推定している点では池田・安里両説とも共通している。

高梨修は、城久遺跡群がヤコウガイをはじめとする南方物産の大量需要に応じた交易拠点で、そこには東シナ海周辺諸国の事情によく通じた人々が往来していたと述べている（高梨修「城久遺跡群とキカイガシマ」谷川健一編『日琉交易の黎明』森話社、二〇〇八年）。

しかし木下尚子は、商人の主体を博多に拠点を置く人間と見ており、彼らは大型船の所有者であり、徳之島のカムィヤキ古窯跡群の経営者でもあったと理解する。さらにカムィヤキ古窯跡群で生産されたヤコウガイを交換品として、また滑石製石鍋・中国磁器・鉄製品などを携えて、需要が増加したヤコウガイやホラガイ、あるいはこれに硫黄・赤木などを加えた琉球弧の産物を入手しようと沖縄諸島から宮古・八重山諸島まで南下し、波照間島まで至ったのも、この博多に拠点を置く大和商人であったと推測する（木下尚子「貝交易と国家形成」『先史琉球の生業と交易』）。

少なくとも奄美諸島の二遺跡群、沖縄本島の一遺跡、八重山諸島の一遺跡からは、滑石製石鍋・カムィヤキ・白磁がセットをなして出土している。これらを運んだのは、大型船を所有し、航海術に長《た》け、中国の宋・高麗国・日本の三国間の貿易活動を行っていた商人以外は想定し難い。滑石製石鍋・白磁は博多から琉球弧に直接運ばれたと考えられているが、カムィヤキは博多では出土しないため同様に考えることはできず、生産地の徳之島から持ち出されたと見なければならない。そうなると博多で滑石製石鍋と白磁を載せた船は徳之島へ寄港し、そこでカムィヤキを積み込んで、放射状に琉球弧の島々に運ばれたことになる。なおカムィヤキ・滑石製石鍋が先行し、白磁は時期が少し遅れるとしても、カムィヤキと滑石製石鍋については同じことで、同じ場所に別々の商人が時期を異にして到着したと解釈しなければならない。

そうした可能性も考えられないわけではないが、注目されるのは、喜界島の城久遺跡群でカムィヤキ・滑石製石鍋・白磁が大量に出土することである。特にカムィヤキについては、喜界島に供給する目的で生産されたのではないかと思われる程、琉球弧の中ではその出土量は突出している（高梨修「土器動態から考える『日本文化の南漸』」『沖縄文化はどこから来たか』森話社、二〇〇九年）。こうした城久遺跡群からであれば、沖縄諸島や宮古・八重山諸島へカムィヤキ・滑石製石鍋・白磁を同時に運び出すことは可能である。したがってカムィヤキ・滑石製石鍋・白磁を持って沖縄諸島および八重山諸島へ向かったのは喜界島城久遺跡群を経営する人々ではなかったかと想像される。彼らの目的はヤコウガイであった。一二世紀にピークを迎えるヤコウガイ需要に対応するため、さらに南方に入手経路を拡大する必要があり、カムィヤキ・滑石製石鍋・白磁はヤコウガイとの交換物であったと見られる。貴駕之島（喜界島）に渡ったという商人の主領八郎真人が扱った国産の交易物に「夜久貝」が見えるが、これは貴駕之島でヤコウガイの取引ができたことを物語っている。

一三世紀の琉球弧と琉球国の動向

これまで史料に見える南蛮人（奄美島人）・キカイガシマは琉球弧の中の奄美諸島を対象としたもので、その南に位置する沖縄諸島までは含まれていない。古代・中世期の史料にはリュウキュウの漢字表記が見えるが、それが沖縄か、台湾かの判別は難しい。しかし沖縄島の可能性が高い史料を峻別しながら考察していく他はない。

リュウキュウ認識

前述の通り、唐の昭宗《しょうそう》（八八八～九〇四年）の頃に書かれたという劉恂《りゅうじゅん》の『嶺表録異《れいひょうろくい》』に見える流虬国《りゅうきゅう》は沖縄島のことと思われるが、それによれば沖縄島人は小柄で、皆、麻布の服を着て、礼儀正しいとある。中国人が見聞したリュウキュウ人の姿は、後述の平安朝貴族層の考える、人を喰うリュウキュウ人のイメージとはほど遠い。また中国人の漂着は災禍を招くと恐れながらも、競って食物と釘鉄の交換を求めている姿からは、漂着外国人に危害を加える野蛮な態度は見受けられない。

日本の九世紀以降の史料では、リュウキュウは一貫してマイナスイメージで描かれている。たとえば延暦《えんりゃく》二三年（八〇四）に空海《くうかい》が起草したといわれる遣唐大使藤原葛野麻呂《ふじわらのかどのまろ》が福州観察使《ふくしゅうかんさつし》に送った啓文《けいぶん》（『性霊集《しょうれいしゅう》』所収）には「留求の虎性」という表現が見え、リュウキュウは人を食う虎のように恐ろしい国であると認識されている。また『智証大師《ちしょうだいし》伝《でん》』『今昔物語集《こんじゃくものがたりしゅう》』『元亨釈書《げんこうしゃくしょ》』は、仁寿《にんじゅ》三年（八五三）に智証大師円珍《えんちん》が渡唐の途中に漂着したリュウキュウを「人を喫《くら》う地」と記している。リュウキュウというだけで『隋書』流求伝に見える食人の風習を連想し、このような誤った観念が平安朝貴族層の間に植え付けられていったものと思われる。

そうしたリュウキュウ観は一一世紀後半の史料にも見える。『参天台五台山記』の延久《えんきゅう》四年（一〇七二）七月六日条には、横にならず座ったまま寝る修行を積んでいた成尋が、夢の中で左府（左大臣）に拝謁した際、「琉球国に行くと聞いていたが、今、大唐に在るとは悦ばしい」といわれたとある。夢の話とはいえ、成尋が琉球国に行かずに中国に滞在

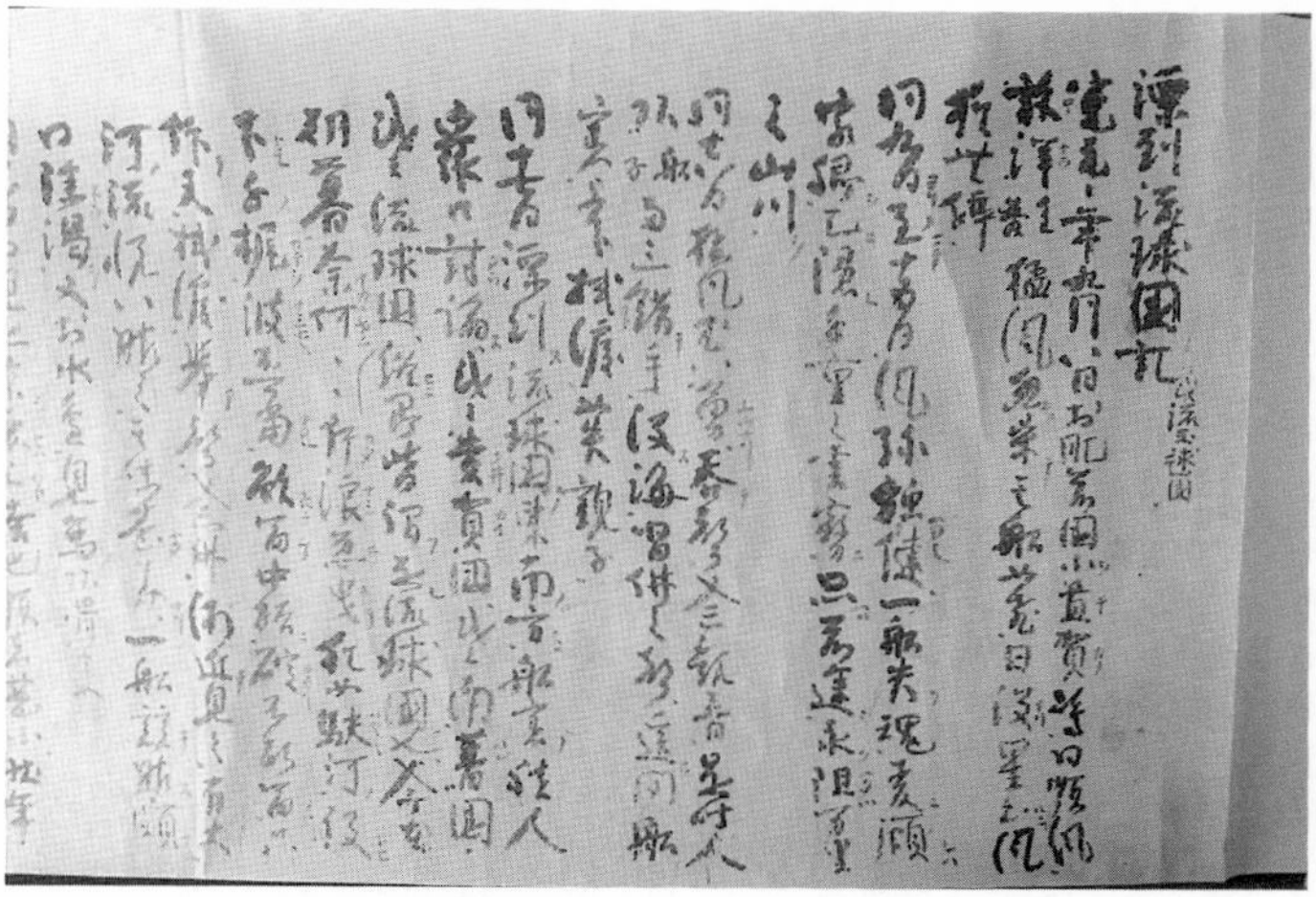

図43　「漂到琉球国記」の冒頭部分（宮内庁書陵部所蔵）

していることを知った左大臣が「悦ばしい」と安堵したというのは、琉球が人を喰う鬼の島と信じていたからであろう。

　一三世紀になってもその認識が変わることはなかった。寛元《かんげん》二年（一二四四）に書かれた『漂到流球国記《ひょうとうりゅうきゅうこくき》』の冒頭部分に次のようなことが記されている。

　寛元元年九月八日に、肥前国小置賀《おちか》島を出発した船は、途中、猛烈な風にあおられて、ある島に流れ着く。乗船者は皆、漂着したところがどこなのかわからず、ある者は「貴賀国」だといい、ある者は「南蕃国」だといい、ある者は「流球国」だと言ったが、終《つい》に「流球国」であることを悟り、落胆した。

渡宋者一行が、漂着した島を流球国であると確信したのは、上陸して仮屋の炭炉の中に人骨があるのを見たことによってである。すなわち炭炉の中の人骨→食人→流球という連想である。それではこの流球国とはどこか。『漂到流球国記』には、
流球国を脱出したものの、風が吹かず二日間も流球の境界の外に出ることができないでいたが、三日目にしてようやく好風が吹いて船は飛ぶように走り、三日後には中国福州に至った。

とある。こうした航海日数からすれば、流球国は台湾より沖縄島（本島）と見た方がよい。また流球国の仮屋の柱に赤木が用いられていたこと、頭に赤い頭巾を巻いていたこと、米を知らず、芋を食べていたこと、広大な土地であったと見られることなどはその傍証となろう。

さらに『漂到流球国記』に、渡宋者の漂着した島をめぐって「貴賀国」「南蕃国」「流球国」の三つの国が議論されていることにも注目したい。『小右記』に従い南蛮を奄美島（奄美大島）と解すれば、「貴賀国」「南蕃国」と並び記された「流球国」は奄美諸島以南の沖縄諸島とりわけ沖縄本島の可能性も十分考えられる。時期はやや下るが、一四世紀初

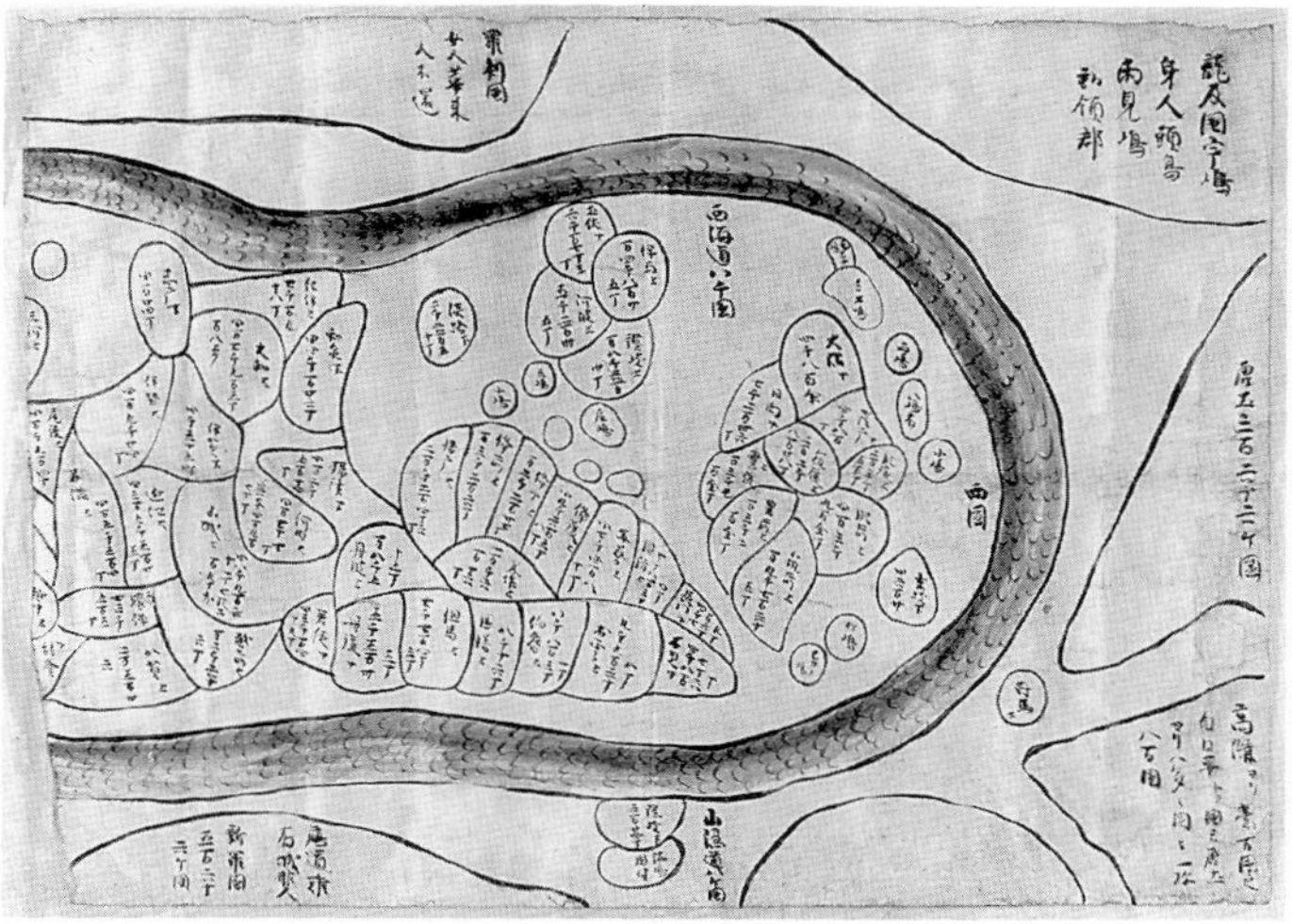

図44　金沢文庫本「日本図」
（称名寺所蔵，神奈川県立金沢文庫保管）

頭頃の書写と見られる金沢文庫本「日本図」には「龍及国宇島、身は人、頭は鳥。雨見嶋、私領郡」の記載がある。黒田日出男は、「龍及国」は「琉球国」、「宇島」をウーシマ（大島）と見て「龍及国宇島」を「琉球国大島」と解している（黒田日出男『龍の棲む日本』岩波書店、二〇〇三年）。「琉球国大島」は沖縄本島に比定できよう。雨見嶋は奄美島で間違いないから、ここでも奄美島とリュウキュウが区別されている。

このように、「貴賀国」「南蕃国（奄美島）」「流球国」の三区分は、当時の大和の貴族や僧たちの琉球弧の認識を示すものであるが、一三〜一四世紀頃の日本では、リュウキュウは奄美以南の沖縄本島を中心とした地域と捉えられていたようである。

琉球国の胎動

奄美大島の南西部に位置する宇検《うけん》村の焼内《やきうち》湾口北側の海底に、沈没した中国の貿易船の積荷と思われる中国陶磁が広範囲に散在していることがわかり、「倉木崎《くらきざき》海底遺跡」として平成七年（一九九五）に予備調査が行われ、翌年から三次にわたり、宇検村教育委員会が主体となって調査が行われた。その結果、一二世紀〜一三世紀の中国産青磁・陶器・白磁が大量に発見された。青磁には龍泉《りゅうせん》窯系（浙江省）が最も多く、次いで同安《どうあん》窯系（福建省）、小量だが景徳鎮《けいとくちん》窯系（江西省）、泉州《せんしゅう》窯系（福建省）など、さまざまな生産地のものが含まれていることなどから、この貿易船は博多に向かっていた可能性がある（中山清美「境界域の奄美」『日琉交易の黎明』）。

ほぼ時を同じくして発掘調査が行われた、鹿児島県南さつま市の金峰町と加世田の間を西流して東シナ海に注ぐ万之瀬川《まのせがわ》の河口から約五キロほど遡った右岸に位置する持躰松《もったいまつ》遺跡からも中国製陶磁器が集中して出土した。持躰松遺跡から東方三キロのところに小薗遺跡があり、鹿児島県内では一二世紀半ば〜一三世紀前半を中心とする中国製陶磁器は、今のところこの二遺跡からの出土量が最も多いという。持躰松遺跡出土の陶磁器は年代も構成も

「倉木崎海底遺跡」出土のものと似ていることから、琉球弧経由で博多へ向かった中国の貿易船は、沖縄諸島・奄美大島を西海岸沿いに北上して九州南端の万之瀬川河口部に寄港することもあったに違いない。

以上のように、琉球弧経由で博多へ向かう中国貿易船があったとすれば、中国の陶磁器が博多を介さずに琉球弧に直接持ち込まれる可能性も出てくる。

一三世紀になると、沖縄本島で積み石のグスクが出現する。その成立期の勝連《かつれん》グスク・浦添《うらそえ》グスク・屋良《やら》グスク・ヒニグスクなどからは一三～一四世紀頃の中国の青磁《せいじ》が出土する。中でも近年の浦添グスクとその周辺の発掘調査によってグスクの城主である按司《あじ》の一三世紀後半の権力基盤の状況をある程度うかがい知ることができる。

琉球国の歴史書『中山世譜』（一七二五年成立）や『球陽』（一六六七年成立）によれば、何処の人かは知らないが禅鑑という一僧の乗った船が那覇に漂到したので、英祖王は咸《かん》淳《じゅん》年間（一二六五～七四）に、浦添城の西に極楽寺を造って、そこに居住させたとある。当時の英祖王は浦添グスクの按司であるが、彼は寺院の他に墓も造っている。『琉球国《りゅうきゅうこく》由来記《ゆらいき》』（一七一三年成立）によれば、「浦添極楽山は、咸淳年間、英祖《えいそ》王これを営むなり」とある。浦添極楽山は「浦添ようどれ」と称される王墓のことである。浦添市教育委

図45　勝連グスク

図46　浦添ようどれ（浦添市教育委員会提供）

員会による復元に向けた発掘調査の過程で、「二番庭《にばんなー》」石積みの下層には造営時の金属工房遺構があったことが確認され、ここから一三世紀の白磁玉縁碗《はくじたまぶちわん》のほか、鉄器や銅製品を製作したことを示す遺物が出土した。また二番庭石積みの側には、一四世紀末〜一五世紀初期の石積み改修工事の際に棄てられた多量の高麗系瓦（「大天」「天」の銘入りの瓦を含む）と小量の大和系瓦（軒瓦など）の瓦溜り遺構が見つかっている。これら遺構・遺物から「初期浦添ようどれ」の造営時期は一三世紀まで遡り、『琉球国由来記』の記述と符合することもわかってきた。また発掘調査の成果によれば、「初期浦添ようどれ」は、約一〇〇〇立方《メートル》の洞窟を掘削《くつさく》し、洞窟内に高麗瓦葺き礎石建物を建て、その中に鍍金金具《ときんかなぐ》で飾った漆塗板厨子《うるしぬりいたずし》を数基安置してあったことも明らかになった。そうした「初期浦添ようどれ」の造営は、洞窟掘削に要する労働力と、洞窟内の施設の造作に関わる各種の技術職人を動員できる権力者の存在なしには考えられない（安里進『日本史リブレット42　琉球の王権とグスク』山川出版社、二〇〇六年）。したがって浦添グスクの按司《あじ》は、他のグスクの按司より抜きんでた有力按司であったことは間違いない。一三世紀後半の沖縄本島にこれほどの按司が成長していたことは注目される。

なお今帰仁城《なきじんぐすく》跡と石垣市のビロースク遺跡では、中国福建省の古窯跡で焼成《しょうせい》された粗製白磁が出土している（金武正紀「ビロースクタイプ白磁について」『貿易陶磁研究』八、「今帰仁城跡出土の陶磁器」『東洋陶磁』三二）。一三世紀後半から一四世紀前半頃のものと見られるこの種の白磁碗は日本列島での出土例は少なく、一四世紀後半に始まる琉球国の「進貢貿易」以前に、日本を経由しない中国福建省との直接取引があったことを物語る（森本朝子・田中克子「沖縄出土の貿易陶磁の問題点—中国粗製白磁とベトナム初期貿易陶磁—」世界遺産国際シンポジウム『グスク文化を考える』）。

中国で明《みん》王朝が成立し、その招諭に琉球国の中山王《ちゅうざんおう》、ついで山南王《さんなんおう》、山北王《さんほくおう》が応じ「進貢貿易」が始まる一四世紀後半以降、大量の貿易陶磁器が直接中国から琉球諸島にもたらされるが、亀井明徳は、琉球諸島を起点に奄美諸島を経て薩摩以北の九州、さらに朝鮮半島へも陶磁器が動いていると指摘する（亀井明徳「南西諸島における貿易陶磁器の流通経路」『上智アジア学』一一）。いうならば、貿易陶磁器の流入・流通経路に逆転現象が起きたのである。

日本の境界領域と琉球国の北進

一四世紀初めの琉球弧の状況を知る上で最近注目されている史料に、「千竈文書《ちかまもんじょ》」の嘉元《かげん》四年（一三〇六）千竈時家処分状《ちかまときいえしょぶんじょう》がある。千竈氏は尾張（現在の名古屋）出身の武士で、鎌倉時代に得宗《とくそう》（北条氏の嫡流）の家臣になったが、その一族で薩摩国川辺《かわなべ》郡司職と川辺郡地頭代官職として現地に移ってきた千竈時家という人物が、自身の所領を七人の相続人に分割して譲ったことが書かれている。その譲与の対象に琉球弧の島々が含まれていることが重要である。すなわち、

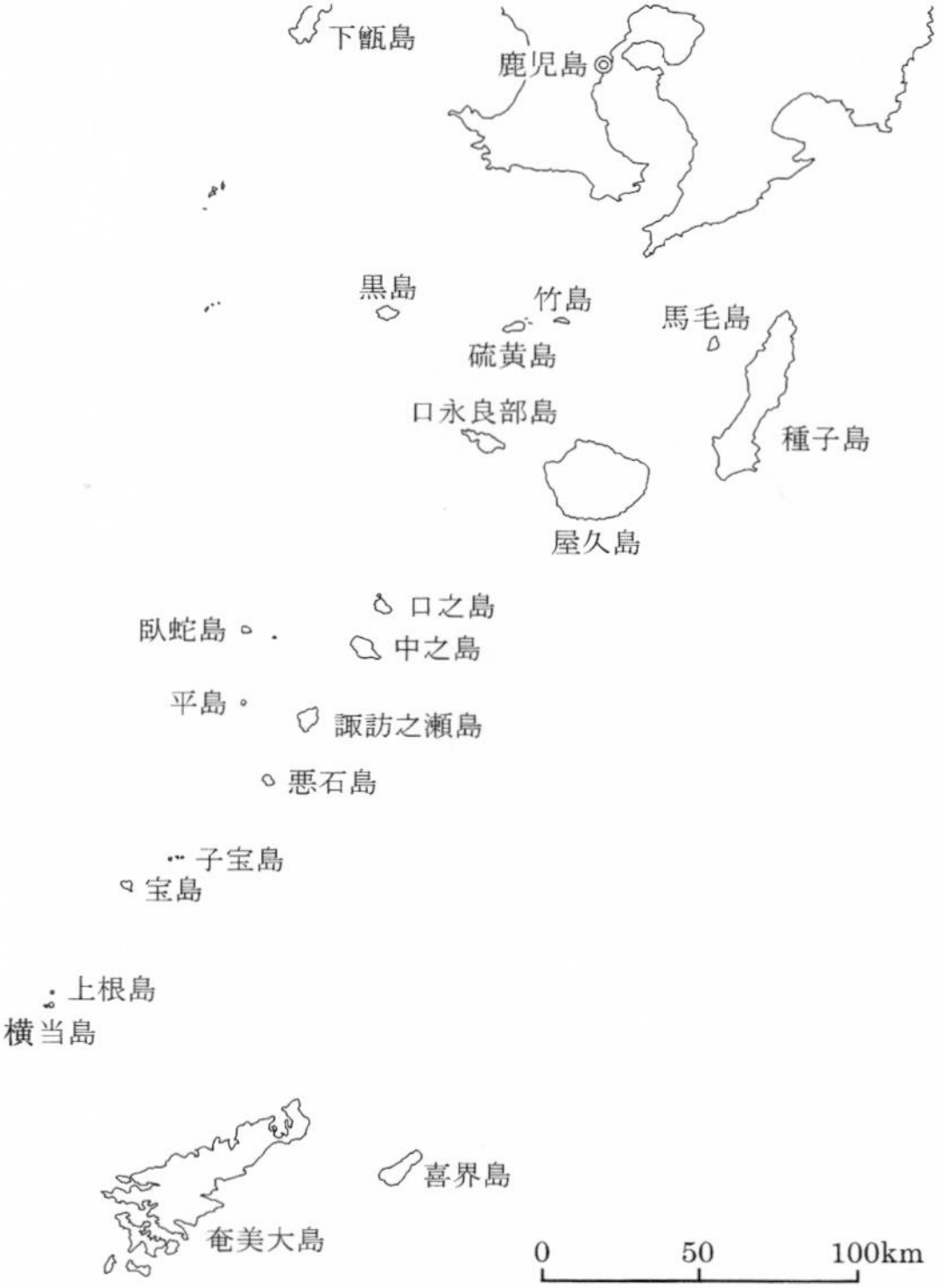

図47　口之三島とトカラ列島の島々

嫡子の貞泰《さだやす》に「くち五嶋・わさのしま・きかいかしま・大しま」、次男の経家《つねいえ》に「ゐらふのしま」、三男の熊夜叉丸《くまやしやまる》に「七嶋」、女子姫熊《ひめくま》に「とくのしま」、女子弥熊《いやくま》に「やくのしまのしものこほり」を譲ったことが見える。

ここに見える島名のうち、次の島の比定についてはほぼ異論はなかろう。「七嶋」は現在の十島《としま》村すなわちトカラ列島の主要な七つの島（口之島・中之島・臥蛇《がじゃ》島・平《たいら》島・諏訪《すわ》之瀬《のせ》島・悪石《あくせき》島・宝《たから》島）、「きかいかしま」は喜界島、「大しま」は奄美大島、「とくのしま」は徳之島、「やくのしまのしものこほり」は屋久島の下郡、以上である。残る「くち五嶋」は通説によれば、現在の三島《みしま》村（硫黄島・竹島・黒島）と口永良部《くちのえらぶ》島・屋久島《やくしま》の五つの島を指す。口永良部島が五嶋に含まれるとすれば、「ゐらふのしま」は沖永良部《おきのえらぶ》島であろう。「わさのしま」の比定は難しいが、臥蛇が朝鮮音の「わさ」に通ずるとしてトカラ列島の臥蛇島と見る説もある（村井章介「中世日本と古琉球のはざま」池田榮史編『古代中世の境界領域』）。

要するに、この「千竈文書」から指摘されることは、薩南諸島から奄美諸島の沖永良部島までの地域は、一四世紀初めまで千竈氏の所領であり、私的財産として相続の対象となっていたということである。島が譲与の対象となるということは、おそらくその島が交易の拠点や中継地として経済的価値があったためであり（村井章介「中世日本と古琉球のはざま」）、千竈時家はこうした島々を掌握することで交易に関する権益を得ていたと見られる。

図48　口之島から臥蛇島を望む（宮嵜和洋撮影）

ところで一三〜一四世紀に沖縄本島に形成された三つの大きな政治領域中山《ちゅうざん》・南山《なんざん》・北山《ほくざん》は、一五世紀前半に中山王の思紹《ししょう》と尚巴志《しょうはし》の父子によって統一される。統一後の琉球国は勢力を北に伸ばし、一四四六年前後もしくは一四四一年前後には奄美大島を征服している（石上英一「古奄美社会研究の視角」『国文学　解釈と教材の研究』四四ノ一二）。しかし対岸の喜界島はその後も十数年以上も抵抗し、琉球国は毎年征討を加えていたという。そういうなか、一四五〇年にトカラ列島の臥蛇島に朝鮮人が漂着した。その時の対応が『朝鮮王朝実録』端宗元年五月十一日条に見える。漂着した六人のうち生き残った四人の朝鮮人の処置について、琉球国中山王・尚金福の使者は次のように述べている。すなわち臥蛇島は半ば琉球に属し、半ば薩摩に属しているため、漂着者のうち二人は薩摩人が買い、残りの二人は、兵を率いて岐浦島《きほ》（喜界島）を遠征中の琉球国王の弟（尚泰久）が会った上で買い取り、琉球国王に献上したという。また漂流民の話では、二人は臥蛇島人によって加沙里島《かさり》（奄美大島北東部の笠利町）に送られ、そこから琉球国王が所在する沖縄本島に連れて行かれたとある。

トカラ列島の臥蛇島が薩摩と琉球双方に属しているということは、一五世紀半ばには臥蛇島が日本と琉球との境界であったことを意味しており、琉球国の北進によって日本の権益が及ぶ領域が北上したことがわかる。

奄美諸島の中では最後の砦であった喜界島も一四六六年に征服され、ここに奄美諸島全域が琉球国の版図となった。このことは、琉球国王から朝鮮国王の元へ遣わされた梵慶《ぼんけい》が持参した「書契」に、琉球国の附庸となっていた大島に近年「日本甲兵」がやって来てこの島を奪おうとしており、そのため多くの戦死者を出したが、十に八、九は琉球が勝利し、敵の攻撃を挫《くじ》いていると記されていたことが『朝鮮王朝実録』成宗二四年（一四九三）六月六日条に見えることからしても確かであろう。ただこの記事は、琉球王府の版図支配がまだ安定した状態になかったことをも示唆している。ちなみに言えば、南方域の八重山諸島では、一五〇〇年に石垣島大浜のオヤケアカハチ・ホンガワラが反乱を起こし平定されている。

一六世紀に入ると、琉球王府は奄美諸島をいくつかの間切に編成し、間切役人を任命している。それを裏づけるものが琉球国王発給の辞令書である。奄美諸島に残る最古の辞令書は、嘉靖八年（一五二九）の大島笠利間切宇宿大屋子辞令書であるが、これは沖縄諸島で見つかっている最古の嘉靖二年（一五二三）渡唐船タカラ丸の官舎職辞令書と形式的に全く同じで、奄美諸島に対して沖縄諸島なみの支配が行われたことを示す。

しかし琉球国の支配に対する抵抗も依然として続いた。奄美大島の「屋宮家自家正統系図」や「師玉系図」には、嘉靖年中（一五二二〜六六）に、東間切諸鈍村および焼内間切の人が王府へ反逆行為を働き、琉球から派遣された金武按司《きんあじ》と摩文仁《まぶに》親方に追討されたとの伝承が見える（弓削政己「中山政権と奄美」『沖縄県史』各論編3古琉球）。また『中山世鑑』『中山世譜』『球陽』などの琉球側の史料は、与湾大親に謀反の意ありという同僚の酋長からの奏言を受けて、嘉靖一六年（一五三七）に尚清王がこれを征討したと伝える。このような過程を経て奄美諸島は、一六世紀前半以降、完全に琉球国の支配下に置かれることになる。

あとがき

一九九九年に吉川弘文館から『古代日本と南島の交流』と題する論文集を上梓してからすでに一三年の歳月が流れている。その間、木簡などの新史料の発見はなかったが、考古学上の重要な遺跡が特に奄美諸島を中心に相次いで発見されている。それを契機としたシンポジウムも開催されるなど、古代南島への関心は一段と高まり、研究のすそ野も広がりを見せている。

本書は、こうした近年の研究成果を可能な限り取り入れ、また琉球国の動向に関連して一三世紀以降まで叙述している。そのため原稿を完成させるのにかなりの時間を費やしてしまい、出版予定を大幅に遅らせてしまったことをおわびしたい。

古代の琉球弧は、律令国家の版図外の異域と見なされ、これまでは日本史の埒外に置かれていた。しかし近年は境界領域の問題として、また列島の古代史という視点から注目を集めるようになっている。読者も本書によって、こうした古代の琉球弧に対する文献史学および考古学からの熱い眼差しを感じ取ってもらえたらと思う。

二〇一二年二月

山里純一

著者紹介

一九五一年、沖縄県石垣市に生まれる
一九八〇年、国学院大学大学院文学研究科日本史学専攻博士後期課程単位取得満期退学
一九九二年、博士(歴史学)
現在、琉球大学法文学部教授

主要著書
『律令地方財政史の研究』(吉川弘文館、一九九一年)
『沖縄の魔除けとまじない』(第一書房、一九九七年)
『古代日本と南島の交流』(吉川弘文館、一九九九年)
『呪符の文化史』(三弥井書店、二〇〇四年)

歴史文化ライブラリー
343

古代の琉球弧と東アジア

二〇一二年(平成二十四)五月一日　第一刷発行

著　者　山《やま》里《ざと》純《じゅん》一《いち》
発行者　前田求恭
発行所　株式会社 吉川弘文館
東京都文京区本郷七丁目二番八号
郵便番号一一三―〇〇三三
電話〇三―三八一三―九一五一〈代表〉
振替口座〇〇一〇〇―五―二四四
http://www.yoshikawa-k.co.jp/
印刷＝株式会社 平文社
製本＝ナショナル製本協同組合
装幀＝清水良洋・渡邉雄哉

歴史文化ライブラリー

1996.10

刊行のことば

現今の日本および国際社会は、さまざまな面で大変動の時代を迎えておりますが、近づきつつある二十一世紀は人類史の到達点として、物質的な繁栄のみならず文化や自然・社会環境を謳歌できる平和な社会でなければなりません。しかしながら高度成長・技術革新にともなう急激な変貌は「自己本位な刹那主義」の風潮を生みだし、先人が築いてきた歴史や文化に学ぶ余裕もなく、いまだ明るい人類の将来が展望できていないようにも見えます。このような状況を踏まえ、よりよい二十一世紀社会を築くために、人類誕生から現在に至る「人類の遺産・教訓」としてのあらゆる分野の歴史と文化を「歴史文化ライブラリー」として刊行することといたしました。

小社は、安政四年（一八五七）の創業以来、一貫して歴史学を中心とした専門出版社として書籍を刊行しつづけてまいりました。その経験を生かし、学問成果にもとづいた本叢書を刊行し社会的要請に応えて行きたいと考えております。

現代は、マスメディアが発達した高度情報化社会といわれますが、私どもはあくまでも活字を主体とした出版こそ、ものの本質を考える基礎と信じ、本叢書をとおして社会に訴えてまいりたいと思います。これから生まれでる一冊一冊が、それぞれの読者を知的冒険の旅へと誘い、希望に満ちた人類の未来を構築する糧となれば幸いです。

吉川弘文館

〈オンデマンド版〉
古代の琉球弧と東アジア

On Demand
歴史文化ライブラリー
343

2022年（令和4）10月1日　発行

著　者　山《やま》里《ざと》純《じゅん》一《いち》
発行者　吉川道郎
発行所　株式会社　吉川弘文館
〒113-0033　東京都文京区本郷7丁目2番8号
TEL　03-3813-9151〈代表〉
URL　http://www.yoshikawa-k.co.jp/

印刷・製本　大日本印刷株式会社
装　幀　清水良洋・宮崎萌美

山里純一（1951〜）

ISBN978-4-642-75743-0